D0813259

LA MÉTHODE SPARK

CONFIANCE
ILLIMITÉE

Catalogage avant publication de Bibliothèque et Archives nationales du Québec et Bibliothèque et Archives Canada

Nicolas, Franck, 1971-

    Confiance illimitée : comment réussir et choisir sa vie en toute liberté

    Comprend des références bibliographiques.

    ISBN 978-2-89225-837-0

    1. Actualisation de soi. 2. Leadership. I. Titre.

BF637.S4N52 2014   158.1   C2013-942739-2

Adresse municipale :
Les éditions Un monde différent
3905, rue Isabelle, bureau 101
Brossard (Québec) Canada
J4Y 2R2
Tél. : 450 656-2660 ou 800 443-2582
Téléc. : 450 659-9328
Site Internet : http ://www.umd.ca

Courriel : info@umd.ca

Adresse postale :
Les éditions Un monde différent
C.P. 51546
Greenfield Park (Québec)
J4V 3N8

© Tous droits réservés, Franck Nicolas, 2014, 2017

© Les éditions Un monde différent ltée, 2014, 2017
Pour l'édition en langue française

Dépôts légaux : 1er trimestre 2014
Bibliothèque et Archives nationales du Québec
Bibliothèque et Archives Canada
Bibliothèque nationale de France

Conception graphique de la couverture :
OLIVIER LASSER

Photo de la couverture :
SHAYNE LAVERDIERE

Photocomposition et mise en pages :
LUC JACQUES, COMPOMAGNY, ENR.

Typographie : Minion Pro corps 13 sur 15,5 pts

ISBN 978-2-89225-837-0
(publié précédemment par Glob Éditions, ISBN 978-2-924229-10-1)

Nous reconnaissons l'aide financière du gouvernement du Canada par l'entremise du Fonds du livre du Canada (FLC) pour nos activités d'édition.

Gouvernement du Québec – Programme de crédit d'impôt pour l'édition de livres – Gestion SODEC.

Gouvernement du Québec – Programme d'aide à l'édition de la SODEC.

IMPRIMÉ AU CANADA

FRANCK NICOLAS

SOYONS DES LEADERS INSPIRANTS POUR UN MONDE MEILLEUR

LA MÉTHODE SPARK

CONFIANCE
ILLIMITÉE

COMMENT RÉUSSIR ET CHOISIR SA VIE EN TOUTE LIBERTÉ

UN MONDE DIFFÉRENT

Note : L'auteur a préféré recourir à l'épithète « limitant » ou « limitante » au lieu de « limitatif » ou « limitative », puisqu'il la privilégie dans ses séminaires et conférences.

Je dédie ce livre à cette force qui réside en nous...

À cette capacité que nous avons tous de reprendre le contrôle de nos vies, de progresser, de choisir notre avenir, d'affronter les obstacles les plus insurmontables.

Je dédie par-dessus tout cette méthode à ma femme Karen.

Passionnée par l'apprentissage, ta générosité n'a d'égale que ta passion pour la vie.

Tu es un exemple vivant de tolérance, de tendresse, de soutien inconditionnel dans toutes mes expériences ou aventures de vie. Tel le chef cuisinier d'un restaurant trois étoiles Michelin qui n'est rien sans son épouse, notre mission n'aurait jamais été ce qu'elle est sans toi. L'homme que je suis ne pourrait relever ses défis et mener à bien sa passion de contribuer à établir un monde meilleur.

SOMMAIRE

PREMIÈRE PARTIE : LA MÉTHODE SPARK ET SES STRATÉGIES

SECONDE PARTIE : VOS 21 DÉFIS DE CONFIANCE ILLIMITÉE

REMERCIEMENTS

Ce livre, comme tout ce que j'ai accompli jusqu'à aujourd'hui, est en premier lieu le fruit de multiples rencontres, péripéties et expériences.

Je voudrais exprimer ma plus sincère reconnaissance à celles et ceux qui ont rendu possible cet ouvrage :

Merci à vous, Catherine Roland, pour votre appui formidable et, notamment, pour votre intuition à me guider vers la commercialisation d'un ouvrage pratique. Ce livre n'aurait jamais été achevé sans les interminables week-ends passés ensemble à le peaufiner.

Merci pour votre brillante collaboration à l'élaboration de cette méthode SPARK. Merci aussi de m'avoir aidé à bien choisir mon vocabulaire et à restreindre ma profusion d'idées.

Merci, Lyne Rouillé, pour la révision du manuscrit. Ton souci du détail, de la syntaxe, de la maîtrise de la langue française, ton recul et ton œil de lynx ont été indispensables. Merci, Lyne, pour toutes ces belles qualités qui ont été un facteur clé de réussite.

Julien et Émilie, mes plus proches collaborateurs. Vous avez assuré avec professionnalisme notre service à la clientèle et la promotion de tous nos séminaires avec la plus grande exigence.

Merci d'avoir su composer avec l'artiste que je suis et mon besoin de liberté. Merci d'avoir endossé toutes les tâches de notre entreprise pour me permettre de me concentrer sur le coaching de nos participants lors de nos séminaires[1].

Nos clients et moi-même sommes reconnaissants du sens de l'organisation et de l'empathie dont vous faites preuve chaque jour.

Stéphanie Delisle, avec tous mes engagements et mes occupations, je ne vois pas comment tout cela aurait été possible sans toi. Des questions administratives à la production, en passant par la distribution de nos produits, l'organisation de mes déplacements ainsi que ma carrière de coach conférencier. Tu as maintenu le bateau en vitesse de croisière. En dépit du poids de mes engagements, tu t'es chargée de tant d'aspects de ma vie. Mille mercis.

Grand merci à Marion, directrice du service des éditions de notre entreprise. J'appelle Marion ma « Fée Clochette » de l'édi-tion aux mille solutions. Avec Marion et son ingéniosité, tout est possible. Marion a permis la diffusion de nos programmes d'autocoaching produits dans plusieurs pays.

---

1. Le séminaire est une formation de groupe dans laquelle une pédagogie innovante est mise en œuvre. Il permet de combiner les outils de formation avec des activités physiques et ludiques, avec des moments de relaxation et de visualisation, et avec de nombreux partages d'expérience entre les participants. Cette approche permet d'enrichir de 85% le processus d'apprentissage et d'accroître la rétention d'informations.

Merci à mon éditeur Michel Ferron et à toute son équipe. Cet ouvrage n'aurait jamais été mené à bien sans votre contribution et encore bravo à Lise Labbé et Jacques Côté pour les dernières retouches.

Merci aussi à mes associés et partenaires, depuis 22 ans, des entreprises du groupe Franck Nicolas. Vous me faites penser à cet homme qui reçoit un oscar pour le meilleur film. Mais il s'agit en fait de la victoire de toute une équipe. Des hommes et des femmes à qui je dois beaucoup. Des héros cachés qui font tout.

Merci aussi aux dizaines de milliers de participants à nos séminaires donnés depuis 15 ans dans plus de 10 pays.

Merci d'avoir discuté de vos rêves, votre réalité, vos difficultés et vos réussites avec moi et tous les coachs qui travaillent pour nous.

Vos efforts et votre courage pour venir à bout de vos croyances défaitistes me surprennent encore. Vos témoignages et vos vies ont inspiré grandement cet ouvrage. Vous m'avez tant appris par votre présence. Vous êtes ma force. Ma plus grande motivation. Ma raison d'être.

J'ai une forte pensée et une immense reconnaissance pour tous les volontaires de nos événements. Sans vous, sans votre contribution, rien n'aurait été possible.

Merci à tous ces hommes et ces femmes que j'ai eu le plaisir d'accompagner en coaching individuel. Chefs d'État, ministres, entrepreneurs de renom, cadres, mères et pères de famille, étudiants ou détenus, merci à vous tous pour ces instants de progression mutuelle…

J'éprouve aussi une immense gratitude pour avoir eu le privilège d'accompagner de nombreux étudiants. De la France au Maroc, en passant par la Chine jusqu'au cœur du Québec, j'ai eu le plaisir de vous coacher dans huit pays. De l'école supérieure à l'université, de l'école pour entrepreneurs au MBA, de la conférence de 90 minutes à plus d'un an de ma vie, vous m'avez nourri à chaque instant. Je garde chacun de vos sourires, de votre énergie et de vos regards en moi. Je sais combien vous allez changer le monde à votre image.

Dans ce cadre d'enseignement de mes approches à des étudiants, je tiens à remercier tous ceux et celles qui, au jour le jour, ont enrichi ma démarche de mille manières, m'apportant généreusement leur aide, leur soutien, leurs conseils : Pascal, Marc, Marie-Claude, Fen, Chan, Colin, Danis, Isabelle, Patrick, Francesca, Alexandre, Sophie, Vivien, Angélique, Anouar, Karim, Steeve, Teddy, Nolwenn, Mireille, Eugène, Edmond et Sébastien.

Merci à tous les bénévoles de ma fondation Pilote Solidarité Internationale. Sans vous, des centaines d'enfants n'auraient jamais pu vivre ces instants de bonheur.

Danièle, Jean-Marc, Philippe, Jean et Robert, je vous suis redevable à vie d'avoir transmis mon amour des gens. Nous gardons tous en mémoire ces Noëls émouvants lors desquels les enfants, les yeux brillants, accueillaient le père Noël en hélicoptère.

REMERCIEMENTS

Merci à tous mes amis pompiers. Chaque week-end, nous avons vécu ensemble durant quatre ans des instants de vérité, d'émotion et de vrais dangers. À deux occasions, j'ai flirté malencontreusement avec la mort, mais nous avons été les témoins impuissants de fins de vie d'un millier de personnes et, à maintes reprises, nous avons aussi redonné vie. J'ai connu un autre aspect de l'être humain. Une facette de vérité lorsqu'elle est confrontée à la mort et au désarroi.

Je connais désormais la vraie Vie. Je ne confonds plus les tracas avec les problèmes.

Je remercie celles et ceux qui, par leur attitude, leur comportement, leur pensée, me démontrent à tout instant que le monde est formé d'éléments multiples, diversifié, en mouvement permanent, plein de contradictions, et de fantastiques occasions offertes à ceux qui osent les revendiquer.

À ma femme Karen.

À mes enfants, Benjamin et Julien…

Au moment où j'achève cette méthode SPARK, vous êtes âgés de huit et neuf ans. Si ce livre nous a coûté quelques sorties à vélo et des promenades dans les belles forêts québécoises, qu'il puisse vous nourrir à votre tour dans quelques années.

Mille mercis à mes parents, à cet homme et cette femme à qui je dois tout. Vous êtes la présence dans l'absence. Vous êtes le retour sans fin de tous ces moments vécus auxquels le cœur donne l'immortalité.

PRÉFACE

*P*ratiquant la médecine depuis 23 ans, j'ai rencontré et aidé de nombreuses personnes à trouver des solutions. Je me suis très vite spécialisé dans le traitement des leaders et des gens d'affaires sujets à des troubles de performance, de l'anxiété et du stress.

Pendant toutes ces années, ce qui m'a frappé en tant que médecin, c'est d'observer que la quasi-totalité des patients que je voyais subissait leur vie, leur situation, leur maladie comme une fatalité, comme une habitude attribuable à leur éducation, comme un chemin sans autre issue. Il existait également dans ma propre vie certaines situations peu satisfaisantes qui se reproduisaient régulièrement, sans que je me pose davantage de questions. Lorsque j'ai découvert la psychologie du leadership, j'ai progressivement compris que notre destinée pouvait être transformée par la connaissance de notre esprit.

Grâce à plusieurs émissions de télévision, j'ai fait la connaissance de Franck Nicolas. D'emblée, sa présentation, son approche et ses outils pédagogiques m'ont attiré. Curieux d'en savoir plus sur son approche et ses incroyables résultats auprès de ses participants, j'ai très vite participé à l'un de ses bootcamps. J'ai été totalement sidéré et impressionné par la vitalité de cet homme, à la fois sûr de lui et proche des gens. Le *rythme de son séminaire était élevé, mais orchestré de manière judicieuse, permettant à chacun d'y trouver son compte, avec plusieurs intervenants de grande qualité.*

En plus des informations capitales proposées pour transformer notre esprit et notre attitude, la réussite de cet événement vient, à mon sens, de l'approche pédagogique, de la passion, de l'enthousiasme et de l'engagement personnel de Franck Nicolas. Il fait preuve de leadership et inspire par son intelligence et son humanité ! Ce que je sais aujourd'hui, c'est que depuis ce séminaire, un esprit fort de leadership s'est totalement ancré en moi comme je ne l'avais jamais eu et que je communique cette attitude autour de moi et en premier lieu à mes patients.

Je ne peux que recommander à toutes et à tous de participer régulièrement à ce séminaire, et de lire ce livre qui les guidera et les inspirera certainement.

Alexandre Quintéro
Médecin généraliste

AVANT-PROPOS

J'en rêvais depuis mon enfance, j'avais travaillé dur pour y arriver. Autour de moi, j'avais entendu des moqueries, perçu du mépris, de la jalousie aussi. « Comment ce jeunot ose-t-il avoir la prétention de jouer dans la cour des grands ? Mais pour qui se prend-il, celui-là ? »

Et le grand jour arriverait sous peu, le jour où, pour la première fois, je piloterais l'avion tout seul. Mon instructeur Jacques m'avait dit : « Tu es prêt ! C'est quand tu veux. »

Mais plus la date approchait, plus j'avais peur. C'est alors que j'ai commencé à trouver toutes sortes de bonnes raisons pour retarder le rendez-vous en espérant, au fond de moi, pouvoir l'annuler. Mais le souhaitais-je vraiment ? N'était-ce pas ce dont j'avais rêvé depuis si longtemps ?

La chance se présentait enfin à moi ! Et ce rêve tant convoité était sur le point de s'évanouir. Pourquoi ? Parce que je manquais d'assurance. Je n'avais pas confiance en moi.

J'en ai vraiment pris conscience quand mon instructeur a refusé d'accepter un nouveau prétexte, un autre faux-fuyant :

« Franck, je sais que tu es prêt, et si tu n'y vas pas maintenant, tu porteras toujours cette fuite comme un échec. Je sais ce que tu éprouves, mais quand tu seras en vol, tu seras trop occupé pour avoir des états d'âme. Tu te contenteras de piloter et d'en prendre plein les yeux, crois-moi!»

C'est exactement ce qui se passa. À l'atterrissage, je compris que tout était en moi: mes talents, les habiletés. Il avait fallu Jacques pour que je me rende compte que tout était possible. Pourquoi n'avais-je pas senti cette assurance? Que s'était-il passé dans mon esprit? J'avais les compétences et pourtant j'avais douté de moi! Cette confiance retrouvée en plein vol m'avait redonné mes «ailes» de leader libre, qui décide de piloter sa vie. J'ai à cet instant compris que c'est à nous de contrôler notre esprit pour sortir de notre cage dorée. C'est à nous d'intégrer la réussite à notre identité et de maintenir nos standards de vie toujours élevés.

Ce jour-là, j'ai refusé d'accepter les compromis. J'ai compris que ce qui fait l'étoffe des grands leaders, c'est la confiance, l'assurance sereine d'atteindre leur but.

Ce jour-là, je saisis plus que jamais que je n'étais pas les pensées qui traversaient mon esprit.

«*Failure is not an option.*» (L'échec n'est pas une option.)

Cette petite phrase de Neil Armstrong éclaire les sentiers de la réussite. J'en ai fait l'une de mes devises, et ce livre a pour but de vous transmettre cette certitude. Je veux vous insuffler ce sentiment de confiance avec lequel vous viendrez à bout de tous les obstacles et atteindrez tous les buts dont vous rêvez.

Trouver l'âme sœur, vendre au prix fort sans jamais le diminuer, développer votre carrière avec ambition et créer votre entreprise: voilà qui demande une confiance sans limites. Celle qui permettra de surmonter tous les obstacles des années à venir.

Cinq étapes et 21 défis à relever pour acquérir une…

CONFIANCE ILLIMITÉE

www.confianceillimitee.com

Comment réussir et choisir sa vie en toute liberté

Qu'est-ce qui vous empêche de combler cet espace entre ce que vous avez et ce que vous voulez ? Qu'est-ce qui vous retient de vous lancer en affaires ? Pourquoi avez-vous du mal à aborder l'homme ou la femme qui vous attire ? Pourquoi avez-vous tendance à baisser vos prix ? Pourquoi vous arrive-t-il de jalouser ou de rejeter une autre personne ou de souffrir du jugement des autres ?

La réponse est simple : la confiance en vous ! Souvent fondée sur de fausses croyances, la confiance a le pouvoir d'enrichir ou de détruire nos vies de leader.

J'ai écrit ce livre pour vous permettre d'augmenter ou de déclencher l'immense pouvoir de confiance qui dort en vous afin d'ouvrir les horizons d'une vie de passion, de vitalité et de haute performance.

J'ai écrit ce livre pour vous permettre de ne plus céder au poids de la conformité sociale en redevenant l'enfant déraisonnable qui avait des rêves et qui passait à l'action pour vivre ses choix, choisir sa voie. Sa vie.

Si, dans mes séminaires et conférences, je vous permets de mettre en pratique notre approche, ce livre est une première étape en vue de reprendre sa vie de leader en main. Basé sur des milliers d'observations, de preuves tangibles et de témoignages irréfutables de réussite, ce programme va à l'essentiel.

Cette approche simple et efficace va vous permettre de ressentir pleinement la confiance illimitée des grands leaders. Comme l'ont démontré les recherches du psychiatre et psychanalyste français Boris Cyrulnik, connu pour son travail sur la résilience, vous allez comprendre que votre histoire ne détermine pas votre destin. Vous allez vous affirmer sans arrogance, briser l'auto-sabotage sans renoncer à votre sensibilité, et augmenter vos performances en affaires sans laisser tomber votre éthique. Quiconque a réussi a suivi les étapes que vous allez découvrir.

Franck Nicolas

« *La confiance en soi est le premier secret du succès.* »

— Ralph Waldo Emerson

INTRODUCTION

« J'ai raté 9 000 tirs dans ma carrière. J'ai perdu presque 300 matchs. Vingt-six fois, on m'a fait confiance pour prendre le tir de la victoire et j'ai raté. J'ai échoué encore et encore et encore dans ma vie. C'est pourquoi je réussis. »

— Michael Jordan

Il est 18 heures. J'achève le week-end SPARK, un séminaire de trois jours sur le leadership qui permet de transformer ses défis en opportunités, d'augmenter ses résultats et de changer de vie. Plusieurs milliers de participants sont présents. Alors que la joie atteint son paroxysme à la fin de cette expérience unique, je regarde ces hommes et ces femmes. Je les sens heureux et confiants en leur avenir. En seulement trois jours, ils ont affronté leurs peurs bloquantes, modifié leurs croyances, pris conscience de leur potentiel, élaboré de nouvelles stratégies et élevé leurs standards de vie.

Je sais qu'ils ne feront pas partie de ces gens qui, à l'âge de 70 ans, regarderont leur passé en se disant « si j'avais su ». Ils vont adopter désormais de nouvelles habitudes de vie. Au terme de ce séminaire, ils comprennent combien la volonté est fluctuante alors que seule une stratégie forte accompagnée de nouvelles habitudes reste. Je suis tellement fier de leur engagement et de leur courage.

Notre pédagogie innovatrice a permis à chacun de faire la clarté sur les choix à prendre, et dans un environnement d'une incroyable énergie ! Parfois je me dis que si une personne étrangère arrivait à ce moment-là dans la salle en voyant ces centaines de personnes extatiques et à ce point décomplexées, elles nous trouveraient probablement étranges ou déraisonnables. Elles auraient raison !

En effet, nous permettons à tous nos participants d'être proactifs pour faire de ce moment un temps fort inoubliable. Un peu à l'image du match que nous vivons, entouré de milliers de spectateurs qui explosent de joie, qui dansent, qui mobilisent leurs sens neurophysiologiques sans retenue. Dans cet état, nous parvenons à stimuler toutes les ressources dont nous disposons pour vivre un moment exceptionnel.

Contrairement à la même rencontre sportive que nous regardons seul et passivement à la télévision, avachi sur notre canapé avec une bière à la main : une tout autre expérience, n'est-ce pas ? Nos sensations lorsque nous faisons partie de la parade sont mille fois plus intenses que le simple fait de la regarder passer. Cet environnement nous porte, nous enthousiasme et décuple tous nos sens.

Autre intérêt de ces événements sur le vif : nous sommes entourés de personnes qui ont les mêmes ambitions que nous, qui visent des standards aussi élevés, et cela aussi augmente notre confiance en nous. Les participants comprennent plus que jamais que les autres participent à l'ambiance et à la qualité d'une formation. Lors de la première journée de WES (le week-end SPARK), deux hommes attirent mon attention : Arnaud et Elliot. Assis au premier rang, ils captent mon regard. Ils sont côte à côte, mais ne se parlent pas.

Le premier, Arnaud, âgé d'une quarantaine d'années, affiche une belle prestance et un sourire avenant. Très concentré, il participe à tous les ateliers sans aucune hésitation, il échange avec les autres. Il dégage un fort leadership. Tout dans son comportement révèle une tranquille assurance, et cela, je le repère immédiatement. Arnaud est à notre séminaire pour prendre des décisions d'affaires importantes : il entend perfectionner son leadership et passer au niveau supérieur. Il veut devenir indépendant financièrement. Il refuse la médiocrité et il est prêt à sortir de sa zone de confort, au besoin. Il n'est pas en concurrence avec les autres mais, un peu comme au golf, avec ses propres capacités. Il est assoiffé d'apprendre.

Arnaud se confie spontanément en prenant le micro devant l'assistance ; il nous raconte comment, depuis toujours, ses parents l'ont soutenu et encouragé. De son côté, il s'est toujours montré positif, sûr de lui. Il n'a pas réussi dans l'entrepreneuriat deux fois de suite, mais cette fois-ci, il veut se donner toutes les chances d'y arriver. Malgré ses deux déconvenues et fermetures d'entreprise, il en est convaincu : il va réussir.

Même s'il a connu des coups durs dont un grave accident de voiture, ceux-ci ne l'ont jamais découragé. Au contraire ! Il les a interprétés comme de nouveaux défis et de bonnes occasions d'apprendre et d'améliorer ses performances. Sa vie, dans tous les domaines, est un modèle d'épanouissement. Sur le plan sentimental, il a confiance en lui et il fait confiance à la vie.

Depuis l'adolescence, il a vécu de nombreux succès auprès des femmes. Puis, un jour, il a rencontré celle avec qui il allait bâtir un véritable projet de couple. Deux beaux enfants ont vu le jour, venant enrichir les perspectives familiales. Sa vie d'entrepreneur le satisfait pleinement. Il multiplie les défis professionnels avec parfois une bonne dose d'audace.

Arnaud est parvenu à obtenir un poste de directeur des ressources humaines dans une grande entreprise internationale. Très bien rémunéré, il côtoie toutes sortes de gens, continue à acquérir des connaissances et à se perfectionner.

Grâce à sa propre entreprise, Arnaud jouit d'une vie bien remplie, mais il ne veut pas s'arrêter là ; il poursuit ses apprentissages et sa progression. J'ai devant moi un authentique leader capable d'inspirer ses collaborateurs. Il se dit heureux, et c'est à mes yeux l'évidence même.

Le second, c'est Elliot, lui aussi dans la quarantaine. Au contraire d'Arnaud, sa démarche est légèrement hésitante et son sourire un peu gêné. Il prend lui aussi la parole, à vrai dire un peu poussé par son voisin Arnaud qu'il ne connaissait pas avant ce séminaire. S'est-il assis à côté de lui par hasard ? Cet ingénieur de formation nous explique que WES est une véritable prise de conscience pour lui, un déclic, une sorte de réveil. Puis il nous raconte son parcours. Les larmes coulent sur son visage. Un immense silence de respect et d'empathie envahit la salle.

Il avait toujours su, au fond de lui, qu'il n'était pas comme son entourage qui peu à peu le stigmatisait. Comment pouvait-il vouloir plus avec ses diplômes, sa sécurité d'emploi ? Sa mère lui avait même proposé des séances chez un psy ! Pourtant Elliot ne présente aucune pathologie ou forte névrose, il n'est pas malade. En fait, ses visées ou ambitions sont différentes de son entourage. À vrai dire, nombre de gens qui l'entourent sont des perdants, dont certains sont toxiques et le tirent vers le bas.

Elliot a pourtant le même profil qu'Arnaud ou presque. Ils sont nés libres dans un pays libre. Mais un point les distingue : Elliot se sent maladroit, malhabile, et il n'a pas une haute opinion de lui-même. Il prend énormément de précautions pour tenter de nouvelles expériences qui, pense-t-il, sont vouées à l'échec, « mais bon, qui ne risque rien n'a rien », dit-il avec fatalité…

Bien que ses parents aient brimé chez lui toute tentative de prendre des initiatives, il a vécu une enfance heureuse, suivie d'une vie sentimentale désordonnée et d'un mariage fragilisé. Il n'est pas en excellente santé. Il souffre de diabète, avec surcharge pondérale. Il n'aime pas le sport, dit-il. Personne n'en a jamais fait dans sa famille…

Sur le plan professionnel, il estime ne pas être suffisamment reconnu pour son travail. En résumé, il aurait souhaité faire un autre métier qu'ingénieur, mais il avait suivi les « conseils » de ses parents. Cependant, au fil des années, il s'était convaincu lui-même qu'il fallait accepter sa vie telle qu'elle était. *Après tout*, se disait-il, *il y a plus malheureux que moi…*

Alors qu'il termine son témoignage, il sursaute. Il prend son cellulaire dans sa main et le brandit tout haut en levant sa main pour le montrer à la salle. Il explique que justement, son père vient de lui envoyer un nouveau message texte sur son portable. Il lui demande si tout va bien. Elliot est dans la quarantaine ! Il finit par en sourire. Tous les participants sont émus et l'applaudissent chaudement.

Tous se rendent compte que l'ancienne vie d'Elliot était discrète et manquait d'assurance et d'affirmation. Certains pensent qu'il passait à côté de SA vie.

Qu'est-ce qui sépare Arnaud d'Elliot? Qu'est-ce qui différencie à ce point leur vision du monde? Un détail infime qui a pourtant un impact gigantesque sur eux: la confiance.

Et si on parlait de vous maintenant! Êtes-vous plutôt un Arnaud ou un Elliot?

Pensez-vous être assez charismatique et influent auprès de votre famille, de vos amis, de vos collaborateurs, de vos clients, de vos concurrents, de vos partenaires et de vos camarades de travail?

Ou, à l'inverse, avez-vous le sentiment de vivre une vie que vous n'avez pas choisie? Vous sentez-vous déconnecté? Idéalisez-vous le passé, vous plaignez-vous du présent et craignez-vous l'avenir en permanence? Croyez-vous que votre performance, votre productivité et votre niveau de bonheur pourraient décupler si vous cessiez de douter en permanence? Si seulement vous cessiez d'évaluer les situations pour passer plus rapidement à l'action?

La confiance est l'une des principales ressources humaines pour réussir à vivre sa propre vie et surtout pour changer de vie.

Faire ce que l'on fait selon la volonté de ses parents, ou de l'environnement, n'exige pas autant de confiance en soi que la décision de suivre sa propre voie de réussite. Si vous trouvez qu'il y a beaucoup d'Elliot en vous, rassurez-vous: votre cas n'est pas du tout isolé.

Savez-vous que d'après une étude de l'Association française de sociologie (AFS), trois personnes sur cinq se disent insatisfaites au travail et estiment ne pas être assez reconnues, suffisamment rémunérées, ou libres de leurs choix professionnels?

Selon une autre enquête québécoise de la célèbre firme de recherche et de sondage Léger Marketing, 27 % des employés se disent très stressés au travail. Cela représente plus du quart des travailleurs, soit 27 personnes sur 100 ! La confiance en soi est une clé qui offre des perspectives et des occasions favorables aux hommes et aux femmes qui la maîtrisent.

Si les employeurs prenaient seulement conscience du préjudice porté à l'entreprise lorsqu'un employé manque de confiance en lui. À titre d'exemple, j'évoquerai plus en amont l'impact d'un manque de confiance dans la vente et le service à la clientèle.

Quand vous regardez autour de vous, très peu de gens se considèrent comme heureux, épanouis et comblés. La plupart se sentent dépassés quand il s'agit de gérer les problèmes du quotidien et plusieurs les vivent avec résignation : « Il faut faire avec… », disent-ils sans grande détermination à changer pour le mieux.

C'est comme si le fait de se résigner à la médiocrité et aux tracas quotidiens était devenu une habitude de vie. Ce qui a pour conséquence de générer du stress, des déceptions, des faiblesses dans la vie de tous les jours et, dans les cas extrêmes, d'entraîner la dépression ou pire encore…

Finalement, l'idée que leur vie est contrôlée est tellement intégrée dans leur inconscient qu'il ne leur vient même pas à l'esprit qu'ils pourraient renverser la vapeur et reprendre le contrôle de leur vie en la menant autrement et en développant une estime de soi solide.

Voilà comment une grande partie de la population baisse la barre tous les jours un peu plus au lieu d'affronter de nouveaux défis. Cette tranche n'est pas prête à retarder la gratification immédiate pour obtenir de formidables résultats.

À la fin d'une année et même d'une vie, cette stratégie aboutit très souvent à une souffrance et à un mal de vivre.

Le bonheur a un prix et peu de gens souhaitent le payer. Se sentir bien après une séance de sport nécessite de chausser ses baskets et de transpirer durant une heure, devenir un expert nécessite de passer de longues heures à investir dans des formations et étudier, devenir le partenaire idéal pour l'autre demande de la consistance et de l'altruisme. Tout a un prix.

Les gens oublient ceci : il existe dans la vie deux types de souffrance, celle de la discipline et de l'effort et celle du regret. Par manque de rigueur et de stratégie, la plupart des gens préfèrent assumer le deuxième type de souffrance. Celle-ci est bien plus grande…

« *La plus grande découverte de notre temps est de comprendre et de réaliser que chacun d'entre nous a le pouvoir et le choix de changer sa vie en changeant sa façon de penser.* »

— William James, philosophe et fondateur de la psychologie moderne

Avant tout, il est nécessaire de savoir quelques faits reconnus. Peu de gens comprennent qu'une confiance en soi correspond à une puissante conscience de soi, connaissance de soi et de ses talents.

Nos pensées et notre système de croyances sont tellement imprimés dans notre inconscient que nous jugeons qu'ils font partie de nous. La plupart des gens ignorent qu'ils ont des idées reçues bien arrêtées sur la vie et ne peuvent imaginer qu'elles puissent être fausses ou néfastes pour leur développement. Ainsi, dans le même ordre d'idées : tout ce que nous avons fait dans la vie de bien ou de mal, nos réussites, nos échecs, nos joies et nos peurs, n'est que l'expression de notre propre expérience de la vie, vue sous le prisme de la pensée qui juge, interprète et souvent déforme.

Il y a fort à parier que si vous habitez Montréal, Paris, Bruxelles, Genève, Casablanca ou même Canberra, vous pensez que le lait est essentiel à votre santé. Il y a du calcium, me diriez-vous ! Il en serait tout autrement si vous habitiez à Pékin, Tokyo ou Dubaï !

Est-ce que dans ces pays la population souffre plus de décalcification des os que chez nous ? Absolument pas. Vous êtes-vous demandé quelle quantité de calcium votre corps absorbe dans un verre de lait ou de fromage, aux dépens de votre performance et des effets allergènes ? Et si les légumes crus et verts pouvaient être mille fois plus efficaces pour augmenter votre énergie, pour combler votre besoin de calcium et nourrir votre corps de sels minéraux essentiels ? Sans énergie, la motivation, le bien-être et la productivité sont-ils possibles ?

Nous révélons en détail les meilleures stratégies de performance étape par étape avec nos experts dans nos autres programmes. Quoi qu'il en soit, le fait est bien là : vous vous êtes arrêté aux croyances que votre environnement a injectées dans votre tête. Sans forcément vérifier leur véracité, sans choisir. Et ici je ne parle que des produits laitiers ! Il en va de même pour tous les départements de votre vie. Sont-ils gérés par des croyances adaptées à vos projets ?

Quelle est votre vision du monde ?

Pourquoi ces croyances ? D'où viennent-elles ? Les avez-vous vraiment choisies ?

Je suis conscient que ce qui va suivre va probablement vous choquer : si vous n'avez fait aucun travail sur vous-même, si vous avez accepté tout ce qu'on vous a inculqué depuis toujours sans rien remettre en question, il est fort probable que vous n'ayez pas choisi 90 % des croyances que vous avez sur vous-même et sur le monde.

Il y a fort à parier qu'en prenant pour argent comptant toutes les croyances que l'on vous à inculquées, vous finirez au même niveau que ceux qui vous les ont imposées.

« Nous savons qui nous sommes, mais nous ne savons pas ce que nous pourrions être. »

— William Shakespeare

Vous sentez-vous concerné ?

Avez-vous la fâcheuse habitude, en particulier lorsque vous êtes fatigué, de vous focaliser sur vos limites, vos faiblesses, vos échecs et vos envies insatisfaites ?

Vous est-il déjà arrivé de vouloir démarrer un projet ambitieux en vous levant le matin et de ne plus vous en sentir du tout capable en vous couchant ? Pourquoi ce changement de perception en seulement quelques heures ? Vous croyez quelque chose le matin et puis le soir vous remettez tout en question. Étonnant, cette vision diamétrale opposée, n'est-ce pas ? En quelques heures à peine, nous avons le sentiment d'avoir égaré nos compétences, nos talents et notre expérience. Que s'est-il donc passé ?

Si sur le plan physiologique le niveau énergétique du corps est au cœur de la perception que nous ressentons à l'instant, sur le plan psychologique, le problème est que depuis notre enfance, nous avons été conditionnés par de fausses notions et de fausses croyances qui entravent le plein épanouissement de notre être.

Comme je vous le disais au début de ce livre, nous ne sommes pas nos pensées. Ce n'est pas parce que vous pensez à l'échec de votre dernière réunion que cela fait de vous un raté.

Je me souviens d'une séance de coaching individuel au cours de laquelle mon client, président d'une grande entreprise, avait associé son surplus de poids à son manque de confiance en lui. Dans son travail, l'homme s'auto-sabotait en permanence avec ses clients, ses prospects, ses partenaires et même ses collaborateurs.

Il avait été conditionné à l'idée que manger était un acte répréhensible, qu'il fallait absolument se méfier de la faim. Ses croyances entraînaient une chute d'énergie intellectuelle et de vitalité physique. Comment, dès lors, pouvait-il lutter contre ce problème qu'il refoulait sans cesse ?

En retravaillant sa stratégie globale de leadership et de performance dont je détaille le processus dans l'un de nos programmes, il a remplacé ses croyances limitantes par de nouvelles. Il a notamment compris que la faim est une sensation saine, tout à fait normale, qu'elle peut persister quelques minutes avant de s'estomper. Ce nouveau conditionnement lui a permis de prendre conscience que son but n'était évidemment pas de lutter contre une telle sensation naturelle. Mon client a pu retrouver un bon équilibre nutritionnel et surtout sa performance d'homme d'affaires.

La bonne nouvelle c'est que, malgré notre tendance à l'auto-sabotage, nous avons tous en nous, dans nos têtes et nos cœurs, l'envie de faire la différence, de nous démarquer, d'aller plus haut, plus loin. Nous avons tous des rêves d'enfant enfouis sous nos croyances d'adulte raisonnable.

Comme je le dis à mes participants lorsque nous abordons les stratégies pour augmenter notre niveau de bonheur, s'il vous arrive à l'avenir d'être frappé par de nouvelles pensées négatives, qui vous plongent dans la peur ou le doute, dites-vous que vous n'êtes pas obligé de les croire. Si on empêche difficilement une pensée de surgir, on n'est pas pour autant tenu de l'écouter, surtout en état de fatigue. Bougez, réservez-vous plusieurs petits moments de bonheur dans la journée et rappelez-vous d'être reconnaissant pour tous les problèmes que vous n'avez pas.

« Soyez une lampe pour vous-même et ne cherchez pas la lumière à l'extérieur de vous. »

— Siddhārta Gautama (Bouddha)

Cela fait plus de 15 ans que j'accompagne en séminaire des personnes comme vous, et croyez-moi, vous n'êtes pas conscient de vos multiples ressources pour progresser et accomplir les projets qui vous semblent les plus fous! Si vous ne pouvez changer le monde en claquant des doigts, vous avez déjà toutes les capacités pour modifier le parcours de votre vie rapidement et ensuite pour changer votre monde. Votre famille, vos amis, vos relations professionnelles vont bénéficier de votre confiance et de votre leadership nourrissant.

Je vous le dis, dès demain, pensez différemment, prenez de nouvelles résolutions, décidez, agissez autrement, et dans 66 jours, votre vie aura une tout autre allure !

Pourquoi 66 jours ?

Les psychologues ont démontré qu'il fallait entre **21 et 66 jours** pour acquérir peu à peu une nouvelle habitude. Ce ne sont que des chiffres qui nous donnent une simple tendance bien entendu car tout dépend du contexte, de la personne et de l'environnement. Cependant, une récente étude démontre que les habitudes, surtout quand elles sont contraignantes mais nécessaires, comme un régime sévère prescrit pour des raisons médicales, demandent en moyenne **66 jours** pour devenir automatiques, naturelles et parfaitement intégrées.

La barre des **21 jours** reste un cap suffisant quand vous voulez vraiment établir cette bonne habitude comme celle d'appeler deux fois plus de prospects par semaine pour augmenter votre chiffre d'affaires. Dans notre entreprise, nous l'avons d'ailleurs vérifié avec notre équipe de coachs. Ils suivent à raison de trois séances par mois nos clients. Pour avoir le réflexe de penser solution et non problème, ne plus hésiter à exprimer son point de vue ou encore faire du sport à la moindre baisse de moral au lieu de se retirer dans sa chambre : 90 % de nos clients ont réussi à remplacer leur mauvaise habitude par une bonne dans ce laps de temps.

Les fréquences de rencontre rapprochées, les multiples conseils, la réponse aux requêtes, l'expertise de nos coachs professionnels certifiés et le suivi étaient évidemment des facteurs clés de succès dans l'équation. Dans le cadre d'un changement d'habitude, l'environnement est capital. Vous avez d'ailleurs 62 % de chances de ne pas changer d'habitude si les personnes qui vous entourent sont opposées à ce changement.

Je veux vous expliquer qu'il est inutile de chercher des formules mystérieuses pour augmenter votre assurance et votre leadership, car la nature vous a déjà tout donné !

Autrement dit, la confiance déterminée et sereine que vous cherchez est déjà en vous : la quête est donc intérieure. Lorsque vous serez libéré de vos fausses croyances, elle apparaîtra d'elle-même, progressivement. Croyez-moi, vous êtes capable de bien plus que vous ne pouvez l'imaginer.

C'est une quête cruciale, c'est votre défi n° 1, car une fois achevé, vous pourrez observer combien vos problèmes personnels, relationnels et professionnels vont se résorber pour disparaître à jamais. Avec l'assurance et l'estime, la joie, l'épanouissement, la liberté d'être soi et le succès apparaissent.

L'assurance, la confiance en soi et l'estime de soi ont été très tôt pour moi un sujet fascinant. Plus j'ai étudié leur nature et leurs mécanismes, plus j'ai compris leur extrême importance dans la réussite. Ce sont de véritables ponts vers une vie épanouie. J'ai vite compris aussi que celui ou celle qui possède cette ressource est capable d'obtenir ce qu'il veut de la vie.

Mais comment acquérir cette clé ? Comment maîtriser cet élément dans la vie quotidienne ? Comment convaincre plus rapidement un prospect ? Comment inspirer son équipe ? Comment persuader un collaborateur à haut potentiel de rejoindre votre entreprise ? Comment enfin surmonter ces situations où l'on flanche et où l'on trébuche par maladresse ou par inexpérience ?

Quels sont ces fardeaux qui vous pèsent ? S'agit-il de :

- parler en public ?
- démarcher de nouveaux clients malgré vos craintes ?
- demander une augmentation ?
- vous engager sur le plan sentimental ?
- retrouver la santé ou perdre du poids ?
- lancer un nouveau produit ou un nouveau service ?
- savoir imposer votre point de vue ?
- quitter votre emploi et créer votre propre entreprise ?

Laissez-moi vous faire une confidence. Depuis que j'accompagne de grands leaders dans leurs défis, j'ai eu le temps d'observer la vraie vie : peu de personnes ont conscience de leur manque d'assurance et des failles de leur confiance. Et nous sommes toujours les plus mal placés pour découvrir le département de notre vie qui souffre d'un manque de confiance.

Ne connaissez-vous pas une personne dans votre entourage qui n'exploite pas suffisamment ses talents à votre goût ? « Mais comment peut-elle gâcher sa vie à ce point ? » Eh bien, dites-vous qu'il existe forcément une autre personne qui pense cela de vous, à commencer par votre coach.

La plupart des gens préfèrent fermer les yeux, s'habituer à la fragilité et à la routine. La plupart se conduisent comme des autruches qui cachent leur tête dans le sable, croyant ainsi échapper aux dangers de la réalité et de leur responsabilité. La plupart laissent de côté leur chance de progresser et de choisir leur avenir. Un peu comme cet automobiliste qui sait qu'il a un pneu dégonflé et qui pense gagner du temps en poursuivant sa route sans prendre le temps de régler le problème. Il est parfois utile de faire une pause, de prendre du recul pour se renforcer ou se gorger d'énergie.

Et vous ?

Nous sommes plus de 7 milliards de personnes sur cette planète et c'est vous qui suivez ce programme sur la puissance du leadership ! Moi, je ne crois pas au hasard. Vous êtes différent. Vous sortez de cette masse silencieuse et médiocre qui laisse s'écouler sa vie comme une vache regarde passer les trains !

Au risque de paraître indélicat, c'est précisément ce que fait une grande partie de la population. Les gens ne sont pas eux-mêmes. Comme le démontraient les études du sociologue Erving Goffman, la vie dans laquelle nous vivons est une représentation théâtrale. Les interactions sociales avec les autres nous poussent à endosser plusieurs rôles de cette pièce de théâtre : les gens tentent de donner aux autres une impression favorable en choisissant leur masque, leur maquillage, leur costume. C'est ainsi que nous passons de la scène publique à la scène privée avec à chaque fois notre personnage.

À terme tout peut devenir toxique pour notre équilibre quand nous oublions qui nous sommes vraiment à l'intérieur de nous. Cette course à la conformité et à la représentation sociale étouffe peu à peu notre flamme intérieure, déraisonnable, passionnelle, pleine de vie. C'est le risque. Au final, la plupart des gens font toujours ce qu'on leur demande, finissent par oublier leur propre désir et laissent glisser les années.

Si vous avez ce livre entre vos mains, il est clair que ce n'est pas votre cas. Vous avez décidé de ne plus vous tourmenter, vous avez décidé de faire une pause pour mieux repartir. Vous voulez être aux commandes d'une vie de performance bien remplie et au sommet de votre leadership.

Vous n'êtes pas de ceux qui regardent passer la parade. Vous voulez y participer. Quand je pense que la majorité des gens ne savent même pas qu'il y a une parade ! Vous êtes des joueurs, pas des spectateurs.

Les spectateurs payent, les joueurs sont payés. Payés en amour, en reconnaissance, en sécurité financière, en liberté.

Et ne vous y trompez pas si je parle de liberté. Comme le disait Paulo Coelho, « la liberté n'est pas l'absence d'engagement, mais la capacité de choisir ». Et voilà ce que fait le joueur : il choisit.

Le joueur trouve le moyen et fait. Le spectateur trouve des excuses et procrastine. La vie est simple : si vous voulez accomplir quelque chose, ou vous en trouvez le moyen, ou vous trouvez une excuse.

À leur arrivée à nos séminaires, d'aucuns pensent avoir épuisé toutes les idées et stratégies possibles pour relancer leur carrière, leur affaires, leur couple. Encore une fois, c'est une fausse idée reçue. Pour le leur démontrer sur un ton ludique, je leur demande de former de petits groupes et de trouver tous les usages que l'on peut faire d'une allumette.

Les résultats ne tardent pas à venir. Ils comprennent très vite qu'ils étaient plongés dans une illusion négative et que la créativité déraisonnable de l'enfant passionné est encore en eux. Vous avez ce pouvoir d'étincelles en vous. Provoquez les étincelles et votre subconscient, votre talent, votre expertise feront le reste. Croyez-moi.

Si vous lisez ce livre, c'est que vous êtes déterminé à choisir votre vie, à gagner en charisme, en influence auprès des autres, en confiance, à vous aimer vous-même.

Vous êtes déterminé à recevoir enfin ce que vous voulez vraiment. Vous voulez demander et recevoir. Vous aspirez à davantage dans votre carrière, vos affaires ou votre vie privée. Une nouvelle vie. Une vraie vie de leader.

Et ne vous y trompez pas, le leadership n'est pas réservé à une élite. Il est en chacun de nous. Le leadership, ce n'est pas seulement diriger 5 000 personnes. Le leadership, c'est avant tout savoir diriger sa propre vie et inspirer ses proches. Demandez à une mère qui élève ses trois enfants seule à quoi ressemble le leadership et déjà vous devriez en comprendre les fondations : la confiance en soi, la vision et le soutien aux autres.

Et je poursuis par ce bravo ! Première bonne nouvelle pour vous : car vous venez d'accomplir 50 % du travail d'amélioration ! Croyez-moi, c'est un pas décisif que de connaître et de reconnaître les chaînes que nous traînons aux pieds ! Nous allons travailler ensemble afin de développer votre assurance et de renforcer votre efficacité personnelle.

Grâce à ma méthode SPARK, dévoilée en détail dans nos séminaires, vous allez prendre tout ce que la vie a à vous offrir sans réserve, sans peur. Les résultats vous paraîtront surprenants dans votre vie professionnelle, notamment. Vous allez redoubler de productivité et de performance. Vous allez vous libérer de vos paralysies décisionnelles et cesser de regretter toutes vos décisions. Enfin, vous allez éradiquer l'une des questions les plus paralysantes de votre esprit : « et si ? » *Et si j'agis comme ceci ou comme cela, que m'arrivera-t-il ?* Cette question qui nous projette de façon négative dans le futur est la pire ennemie de la confiance en soi. Et là encore vous allez la supprimer.

Ne dit-on pas que les grands leaders, «les joueurs», prennent rapidement une décision et mettent du temps avant d'en changer, contrairement aux «suiveurs», les «spectateurs», qui mettent des mois avant de se lancer et qui, une fois la décision prise, peuvent changer d'idée une semaine, un mois après?

Je pense avoir lu presque tous les principaux ouvrages qui traitent de la confiance en soi.

J'ai aussi rencontré les experts les plus reconnus, ceux qui sont capables de vous faire ressentir et ressortir, du fond de vos tripes. J'ai enfin rencontré de grands leaders à la tête de 70 000 employés qui ont réussi par cette puissante aptitude.

Et voilà comment SPARK est né et va vous permettre à vous aussi de donner naissance à toute la confiance qui sommeille en vous.

Stratégie

J'ai appris auprès de chercheurs, de scientifiques et d'experts en la matière: psychothérapeutes, entrepreneurs, enseignants en psychologie, gens à succès; ou tout simplement, en observant les personnes qui réussissent tout ce qu'elles entreprennent.

J'ai mis au point la méthode SPARK, efficace, simple et utile pour accroître rapidement le leadership et l'assurance nécessaires dans le domaine professionnel; je la pratique sur le terrain depuis 15 ans avec succès. SPARK, que je dévoile en détail dans mes nombreux séminaires proposés dans plusieurs pays, repose sur les dernières recherches en neurosciences. Ce programme prend la forme d'une méthode Internet, de livres, et d'un séminaire particulièrement riche, ludique et intensif.

Je reçois d'ailleurs plusieurs lettres ou courriels de clients qui me remercient d'avoir « débloqué » leur situation.

Grâce à ma méthode, pas à pas, en cinq étapes, vous allez notamment acquérir une plus grande aisance dans vos relations et dans vos communications, mais vous serez aussi plus indépendant, vous atteindrez une grande liberté d'expression, d'action, et cela exercera un impact positif sur vos finances. Cette aisance et cette liberté vous permettront de mener vos projets à terme.

Ma méthode SPARK comprend cinq étapes

> *« La confiance que l'on a en soi fait naître la plus grande partie de celle que l'on a aux autres. »*
>
> — François de La Rochefoucauld

Étape 1 — Analyse. Nous devons comprendre ce qui, en chacun de nous, crée un blocage et nous empêche de nous réaliser pleinement.

Étape 2 — Compréhension. Il s'agit d'analyser le fonctionnement de la confiance en soi, d'en étudier les rouages.

Étape 3 — Réaction. C'est la phase au cours de laquelle vous apprendrez à réagir positivement face à vos habitudes et à vos croyances négatives.

Étape 4 — Action. Vous prenez en main l'établissement de votre confiance en soi en appliquant simplement mes conseils.

Étape 5 — Planification et programmation. C'est la phase où vous devrez impérativement mettre au point un plan d'action et de progression.

« **Je coache dans la vraie vie** » : c'est une expression que les participants à mes conférences, séminaires, ateliers ou coachings individualisés m'entendent souvent employer.

Qu'est-ce que cela signifie ? C'est simple : ma méthode SPARK ne consiste pas à vous faire croire que vous pouvez réussir en claquant des doigts sans aucun effort, juste en prenant du plaisir…

Non, je ne vais pas vous dire qu'il est possible d'élever le niveau de son entreprise ou de sa carrière, de sa santé, de ses relations, en ne faisant pas le moindre effort, et en trois heures tout au plus. Non, pas du tout !

Dans la vraie vie, ma méthode SPARK donne les meilleurs résultats en échange d'un engagement à 110 % de la part de celui ou celle qui la suit. Selon de récentes recherches, il a été prouvé que vous avez de nombreuses chances d'adopter une nouvelle habitude si vous la maintenez durant 66 jours.

66 jours !

Modifier une habitude durant 66 jours et la tenir. Tenir bon. Voilà quelle sera votre part du travail ! Vous le comprenez, pour obtenir le meilleur de ces enseignements, vous devez vous engager… eh oui, vous engager à travailler, à expérimenter, à prendre conscience de tout ce qui est dit dans ce livre ! Cet engagement, ce contrat, c'est avec vous-même que vous le signez.

Je vous le répète, les neurologues et autres scientifiques estiment qu'il faut entre 21 jours pour commencer à assimiler de nouveaux principes simples et 66 jours, en tout, pour qu'une habitude, même complexe ou contraignante, devienne automatique.

Aussi, je vous demande de prendre quelques secondes avant d'aller plus loin. Prenez l'engagement ferme et résolu de consacrer chaque jour 15 à 30 minutes à appliquer les conseils à venir.

Engagez-vous à :

- lire et relire cet ouvrage ;
- imprégner votre inconscient de ce qui va suivre ;
- mettre en pratique mes conseils ;
- maintenir vos nouvelles habitudes ;
- dépasser vos craintes, vos doutes et vos peurs.

Fermez les yeux, respirez profondément et sentez la détermination vous envahir au moment où vous prenez cet engagement avec vous-même. Il est temps à la fois de vous reconnecter avec vous-même et de retrouver la pleine performance.

- 66 jours pour faire la différence ;
- 66 jours pour vous transformer et vous épanouir ;
- 66 jours pour donner à votre leadership une nouvelle dimension…

L'engagement que vous prenez est essentiel…

Êtes-vous prêt ?

- À laisser de côté vos peurs et vos doutes, votre volonté de perfection et vos complexes ?
- À reprendre le contrôle de vos projets ?
- À choisir au lieu de subir ?
- À quitter la tribune des spectateurs pour rejoindre le terrain des joueurs ?

– À vivre votre vie et non celle proposée par votre entourage?

– À tirer de vous-même le meilleur et à accroître définitivement votre leadership?

D'accord, commençons!

– **L'assurance des grands leaders** c'est ce qui fait leur force, leur véritable puissance. Décider vite, aller à l'essentiel, être efficace, agir en maîtrisant leur stress.

– **Confiance en soi et estime de soi** sont les piliers de toute réussite.

– **De bonnes habitudes, des certitudes appropriées** s'acquièrent et renforcent ces qualités.

– **66 jours suffisent pour installer une fois pour toutes une habitude,** une certitude.

– **Il n'appartient qu'à moi** désormais de chasser les mauvaises habitudes et d'adopter les bonnes.

PREMIÈRE PARTIE

LA MÉTHODE SPARK ET SES STRATÉGIES

1 ANALYSE

ÉVALUEZ VOTRE NIVEAU DE CONFIANCE

CHAPITRE 1

Analyse

Où en êtes-vous aujourd'hui ?

Dans quel domaine de votre vie professionnelle sentez-vous que vous manquez d'assurance ? S'agit-il de parler en public ? De savoir imposer vos décisions ? D'être capable de convaincre un client ou un investisseur ? Vos rapports avec vos supérieurs vous bloquent-ils ? Et avec vos collègues ? Redoutez-vous les changements professionnels ?

Craignez-vous de ne pas vivre votre vie ? De n'avoir pas assez de temps ? Est-ce la pression de gérer votre entreprise qui exige de vous un engagement à 110 % au quotidien ? De gérer votre transition de carrière ou de retrouver la santé ? D'augmenter vos revenus ou de trouver le grand amour ?

Réfléchissez à ce qui est pour vous, personnellement, source de problèmes. Même si vous croyez donner le change, au fond de vous, vous savez bien que vous manquez d'assurance dans tel ou tel domaine. Ouvrez les yeux maintenant en toute honnêteté et déclarez ce qui n'est plus tolérable dans votre vie.

Comment l'expliquez-vous? Une enfance brimée, des relations sociales difficiles ou conflictuelles, de mauvaises expériences, des échecs personnels, une attente trop forte de la part de votre entourage ou de vous-même… Qu'est-ce qui vous empêche d'être pleinement vous-même? Soyez honnête: il s'agit de mettre en lumière ces obstacles intérieurs bien souvent cachés ou refoulés.

Enfin, demandez-vous quelles sont les conséquences de ce manque de confiance en vous. Pour certains clients que j'ai coachés, dont des chefs d'État, des ministres ou de grands chefs d'entreprise, cela se traduisait par un manque d'autorité pour les uns ou au contraire un caractère autoritaire; pour d'autres, une prudence extrême dans leurs choix bloquait tout processus de développement de leurs affaires ou de leur carrière.

Pour tous, en tout cas, cela se manifestait par une maladresse, par un mal-être plus ou moins conscient au travail, source de crainte, voire d'angoisses ou de déceptions. Certains d'entre eux ont sombré dans la dépression, qui a non seulement affecté leurs activités professionnelles, mais aussi toute leur existence. Décidément, les enjeux de l'assurance, du leadership et de l'estime de soi sont fondamentaux…

Évaluez votre niveau de confiance

Je me souviens de l'un de nos participants à un séminaire sur Paris, il y a une dizaine d'années. À l'époque David était un jeune diplômé d'une prestigieuse université. Il venait de créer son entreprise et ses affaires commençaient à prospérer. Pourtant, ce jeune homme brillant se sentait très souvent en manque d'assurance.

Vu de l'extérieur, il affichait un parcours sans faute, une belle réussite. En revanche, à l'intérieur, il luttait contre des tourments incessants, des questionnements permanents. Sur le plan personnel et sentimental, il faisait face à un grand vide.

Il avait déjà franchi une étape décisive en osant parler volontairement de ses difficultés. Durant tout le séminaire, il a donc travaillé à renforcer sa confiance, à gérer le doute. Avec un suivi personnalisé avec mon équipe de coachs, David a, en quelques mois, déployé ses talents de façon spectaculaire. Passionné par la technologie et l'innovation, il s'est résolu à imaginer, à prévoir les modes, et le succès a suivi.

Le plus important, c'est que contrairement à ce qu'il faisait avant, ses succès n'ont pas déclenché de nouveaux doutes, mais plutôt de nouvelles ambitions. L'année suivante, j'ai reçu de ses nouvelles. Il avait rencontré une charmante jeune femme qui est devenue sa compagne ; il envisageait sérieusement un projet de couple et de famille. David a changé, il a acquis une assurance sereine, tranquille, la confiance illimitée des grands leaders.

À quoi correspond cette tranquille assurance ?

« Je sais ce que je dois faire, je le fais, et si je me trompe, je cherche l'erreur », explique Richard Branson, le patron de Virgin Group, dans ses entrevues. « Oui, j'ai des doutes et je me dis que c'est bien, car cela m'oblige à réviser mes positions. Les doutes sont utiles quand ils permettent de s'améliorer. » Il ajoute : « Je pense qu'il ne faut jamais utiliser le doute pour justifier la passivité ou l'inaction. »

D'une grande humilité, Richard Branson se fait confiance. Il a en lui cette confiance illimitée. Il regarde le monde autour de lui comme une source intarissable d'opportunités ; il fait confiance à ses collaborateurs, car il sait harmoniser ses propres attentes avec leurs capacités. Il émane de cet homme une aura apaisante et puissante. Il ne parle pas pour ne rien dire, il est capable de prendre une décision rapidement ou de laisser le temps au temps…

Parti de zéro, il a créé à ce jour plus de 50 000 emplois dans 34 pays. Une belle façon de faire la différence avec la confiance, n'est-ce pas ?

Cette sereine assurance des grands leaders, c'est une ressource psychologique, une vision axée sur l'action, une curiosité toujours en éveil. Ce qui fonde ces ressources, c'est l'estime de soi et la confiance en soi. Voilà le secret des grands leaders.

Qu'est-ce que l'estime de soi ?

L'estime de soi, très simplement, c'est ce que vous pensez de vous-même. Vos opinions, vos pensées, vos croyances et les images que vous avez de vous-même. Ces éléments sont porteurs de messages issus de votre propre inconscient. Pour maîtriser votre impact, vous devez explorer et apprendre à connaître ces éléments créateurs de l'estime de soi. Elle représente l'opinion que vous avez de vous-même.

Je repense à l'un des hommes les plus connus et les plus riches de son époque, Henry Ford. L'industriel américain de la première moitié du 20e siècle fut le fondateur de Ford, le fameux constructeur automobile. Cet homme d'affaires, docteur en ingénierie, avait une vision globale de son action et une forte confiance en lui. Alors qu'il venait de révolutionner l'industrie américaine en réduisant les coûts de fabrication à la chaîne des voitures, avec notamment la mise en marché de la Ford T à plus de 15 millions d'exemplaires, il décida de s'attaquer à un nouveau défi : produire son moteur V8.

Son idée et sa vision furent de construire un moteur contenant 18 cylindres en un seul bloc. Du jamais-vu. Au lendemain de la Première Guerre mondiale, la Ford T équipe près d'un ménage américain sur deux parmi ceux qui possèdent une voiture, et Henry Ford est prêt à mettre en péril sa réputation pour ce prototype de moteur alors qu'il est au sommet de sa réussite ! Son entourage et les professionnels du métier tout comme son équipe d'ingénieurs ne comprennent pas. Malgré tout, il demande à ses collaborateurs de concevoir ce prototype, peu importent les contraintes.

Ce moteur révolutionnaire n'existe que dans l'imaginaire de l'entrepreneur, mais il est confiant que son projet est réalisable. Quelques mois plus tard, son équipe d'ingénieurs est unanime, malgré leurs recherches : l'idée d'insérer huit cylindres dans une seule pièce est tout simplement impossible. Henry Ford réplique avec une inébranlable confiance en lui : « Produisez-le quand même. » La suite, vous la connaissez. En 1932, Ford lance son dernier grand triomphe personnel d'ingénierie : le moteur V8 d'une seule pièce.

Votre esprit est un outil qui peut provoquer la prospérité ou la pauvreté. À vous de savoir l'utiliser.

L'estime de soi est basée sur la façon dont vous percevez votre valeur en tant que personne, en particulier en ce qui concerne le travail que vous faites, votre statut, vos réalisations, vos buts dans la vie, votre position perçue dans l'ordre social, votre potentiel de réussite, vos forces et vos faiblesses, la façon dont les autres vous cernent et votre capacité à tenir à vos principes. L'estime est une perception de votre propre valeur.

> *« Fais ce que tu crois être juste, selon ton cœur,*
> *car on te critiquera de toute façon. »*
> — Anna Eleanor Roosevelt

Il se pourrait cependant qu'une mauvaise image de soi découle de l'expérience personnelle et de toutes les expériences que nous pouvons vivre. Les personnes qui n'entretiennent pas une grande estime d'elles-mêmes se sentent souvent victimes ou étrangères. Avec les milliards d'êtres humains sur la planète, allez-vous laisser un seul individu, souvent malintentionné, gâcher leur journée !

Ces personnes se perçoivent comme des êtres exclus, sans importance, insignifiants et mal-aimés que l'on ignore ou qui ne comptent pas vraiment. Comme celles qui passent leur vie à intérioriser les critiques des autres, la moindre remarque les blesse, et elles s'acharnent à rechercher en permanence une inaccessible reconnaissance, une évaluation personnelle positive dans l'appréciation des autres.

Repérez les signes de l'estime de soi

- **L'estime de soi, c'est l'opinion que l'on a de soi-même.**

Elle se compose de représentations à propos des rôles et des missions de chacun :

- Identité professionnelle ;
- Rôles des citoyens ;
- Rôles de la vie privée : parent, conjoint, enfant…

- **L'estime de soi autorise et interdit certaines actions.** Par exemple, je ne mens pas parce que si je mentais, j'aurais honte de moi.

- **Quand on ne tient pas compte de ces permissions et de ces interdits,** on se retrouve en train de faire ou de dire des choses que l'on désapprouve soi-même. Par conséquent, on est en désaccord avec soi, on éprouve de la honte, de la culpabilité et des remords.

– **Avoir une bonne estime de soi permet de savoir immédiatement si nous sommes sur une bonne voie,** si nous visons un objectif vraiment intéressant, et si nous nous donnons les meilleures chances de l'atteindre.

2 COMPRÉHENSION

LA MÉCANIQUE DE L'ASSURANCE ET DE LA CONFIANCE EN SOI

CHAPITRE 2

Compréhension

« *La plus grande gloire dans la vie ne réside pas dans le fait de ne jamais tomber, mais dans celui de se relever à chaque fois que nous tombons.* »

— Nelson Mandela

La mécanique de l'assurance et de la confiance en soi

Québec, 17 heures. J'offre un atelier privé sur mon approche de coach. C'est un public exigeant, composé en majorité de grands patrons et de responsables de ressources humaines. Ils souhaitent en savoir plus sur mon approche de coaching pour augmenter l'intrapreneuriat et la performance humaine en entreprise. Je reconnais quelques millionnaires parmi eux. À priori, ce sont des gens pleins d'assurance, capables de prendre de grandes décisions et de les assumer, de mener à bien leurs projets professionnels.

Je commence par une question, anodine, toute simple :

« **Comment définiriez-vous la confiance en soi ?** »

À ma grande surprise, ces personnes influentes et prospères, ces décideurs ne parviennent pas à formuler une réponse claire…

La confiance en soi, l'estime de soi sont les vrais piliers de l'assurance des grands leaders.

En fait, ce sont des états intérieurs ressentis, quand vous êtes sûr de vous aussi bien qu'au moment où vous savez que vous ne l'êtes pas. Ces perceptions et sensations sont directement liées à la connaissance de vos compétences. Vous vous sentez sûr de vous quand vous vous sentez capable d'accomplir la tâche ou d'atteindre votre objectif.

Se faire confiance, se sentir sûr de soi, c'est être conscient de ses capacités et les exploiter au mieux. La confiance en soi donne une perception positive et réaliste de soi.

On connaît ses points forts et on cherche à améliorer ses points faibles, sans les aggraver. L'optimisme, l'enthousiasme, l'affection, la fierté, l'indépendance, la confiance, la capacité à gérer les situations critiques, et la maturité affective sont autant de qualités associées à la confiance.

La confiance en soi et en autrui, ainsi qu'une curiosité pour le monde extérieur, sont indissociables. Et cela s'acquiert pourvu que les élans naturels de découverte n'aient pas été systématiquement brimés ou dévalorisés.

Le manque d'assurance n'est pas nécessairement permanent, mais il peut le devenir s'il n'est pas repéré, compris et atténué. La culture, le sexe, le genre, la classe sociale et l'éducation sont autant de facteurs qui influencent le niveau de confiance et d'estime : ils déterminent donc le potentiel d'assurance. Les leaders pleins d'assurance ont une foi profonde en l'avenir sans pour autant être naïfs.

Ils ont le sentiment de contrôler leur vie, car ils possèdent les moyens psychologiques de mener leurs projets jusqu'au bout et d'affronter les obstacles sans céder au découragement. Cette foi est guidée par des attentes réalistes : face à un échec, la confiance n'est pas perdue ; cela leur permet de rester positifs, d'accepter leurs limites actuelles. Mieux encore, c'est dans l'épreuve que leur détermination se renforce et que l'énergie et le désir se renouvellent.

Cependant, l'excès de confiance en soi ne rend pas pour autant apte à faire tout ce que l'on veut. Le désir d'être bon en tout conduit souvent à l'obsession perfectionniste, qui empêche de passer vraiment à l'action à court ou à long terme. En effet, l'authentique confiance en soi des grands leaders ne consiste pas à rejeter les échecs, mais permet d'envisager sereinement l'éventualité et la possibilité de les affronter.

Les psychologues distinguent trois attitudes de faible estime de soi :

- La première est celle de la personne qui semble toujours négative et qui pense en son for intérieur : *je ne pouvais pas, je ne devrais pas, je ne peux pas, je n'ai pas le choix, je dois*, etc.

Ce serait le cas d'un entrepreneur qui tend à reculer devant les décisions, surtout quand il s'agit de conquérir de nouveaux territoires.

- La seconde attitude caractérise des gens en apparence très confiants et sûrs d'eux-mêmes. Mais il s'agit d'un masque qui cache une faible estime de soi. Vis-à-vis des obstacles ou d'une perte éventuelle de contrôle de la situation, le manque d'estime de soi refait surface.

Souvent perfectionnistes, ces personnes trouvent difficile de gérer les crises et ont tendance à blâmer les autres pour tout. Elles sont généralement exigeantes, égocentriques, autonomes, méfiantes à l'égard des autres et lentes à prendre une décision. Parfois, elles occupent des postes de direction, mais ne possèdent pas de qualités de véritable leader. En situation de stress, elles sont obsédées par le contrôle total et ne parviennent plus à déléguer.

- La troisième attitude concerne ceux qui ont tendance à chercher en permanence l'amusement ou le bonheur des autres, en particulier dans le domaine sentimental.

Le rire dissimule la piètre opinion que ces gens ont d'eux-mêmes. Pour se sentir dignes de l'intérêt des autres, ils se croient dans l'obligation de les faire rire. Sensibles et à fleur de peau, les gens amusants ont une très faible estime de soi.

Ils cachent leurs angoisses derrière le masque d'une superficialité enjouée, qui tend parfois à agacer les autres parce qu'ils n'ont pas de limites. L'un des exemples les plus célèbres du monde cinématographique reste Louis de Funès. L'un des plus grands comiques français était en privé quelqu'un de posé, de timide et très peu sûr de lui. Un plateau de cinéma et une scène de théâtre lui offraient l'occasion de s'extérioriser et d'obtenir une certaine attention de la part des autres.

Le rire et les plaisanteries sont des manières de camoufler ses peurs et de ne pas reconnaître ses propres insécurités.

Mais, comme ce comportement manque d'authenticité, les personnes qui le manifestent manquent d'efficacité; leurs efforts restent vains tant qu'elles n'ont pas osé affronter leurs véritables difficultés intérieures…

Plusieurs personnes qui manquent de confiance recherchent les milieux à forte hiérarchie dans l'espoir de pouvoir s'y faire une place. En soi, la hiérarchie offre la sécurité d'une organisation, et les frustrations qu'elle engendre sont vécues comme rassurantes, car elles évitent de prendre des responsabilités.

Le manque de confiance est source de souffrance parce qu'il révèle une fragilité. Le moindre reproche vous atteint en plein cœur. Vous vous sentez attaqué à l'intérieur de vous-même, et c'est alors que vous plongez dans des abîmes de perplexité, de désarroi, de colère ou de tout autre sentiment négatif et dévastateur. La psychanalyste Claude Halmos écrit ceci :

« Petites ou grandes, les blessures narcissiques nous guettent à chaque coin de notre vie. Si l'on a, dans son enfance, acquis le sentiment de sa valeur, on est à même de relativiser les échecs; ils restent douloureux, mais ne sont pas destructeurs.

« En revanche, si l'on a été, dès son plus jeune âge, privé de ce capital narcissique, chaque rencontre avec l'autre devient prétexte à une difficile autoévaluation : "Est-ce que je vaux quelque chose ?" Test piégé d'avance, car qui se pose ainsi la question a déjà au fond de lui la réponse : "Je ne vaux rien ou… pas grand-chose." »

Les leaders qui manquent d'assurance paraissent généralement calmes, souvent froids, réservés, un peu en retrait des autres. Cette attitude leur permet de dissimuler cette faiblesse dans leur leadership. Elle les conduit malheureusement à laisser passer de bonnes occasions, car au fond d'eux-mêmes, ils sont persuadés qu'ils n'ont pas la moindre chance de faire leurs preuves, d'accéder à une promotion, que c'est trop difficile ou que d'autres vont les dépasser. Ils doutent d'eux-mêmes et de leurs capacités.

Ils n'ont pas assez confiance en eux pour jouer leurs cartes, exprimer leurs idées, s'affirmer et prendre leur place. Ils craignent le rejet et l'échec. Souvent, ces personnes ne réalisent pas leur potentiel, tout simplement parce qu'elles se sont déjà programmées pour échouer. Les gens qui manquent de confiance ou d'estime de soi sont trop préoccupés par ce que pensent les autres pour passer à l'action.

En début de séminaire, tous les participants sont invités à identifier individuellement la raison de leur venue et à clarifier leurs attentes. Il en ressort la plupart du temps qu'ils entendent sortir du brouillard, apprendre de nouvelles stratégies de développement et surtout qu'ils attendent plus de confiance en eux. Ils sont paralysés. Ils ont peur de déplaire, de déranger, d'être critiqués. La peur du jugement des autres revient fréquemment. Je leur réponds souvent en citant avec un sourire cette phrase d'Aristote : «Il n'y a qu'une seule façon d'éviter les critiques : ne dis rien, ne fais rien, ne sois rien.» C'est triste mais beaucoup de gens s'enferment dans des murs qu'ils ont construits eux-mêmes.

La confiance en soi vous donne une prestance, une aura particulière ; vous la ressentez et les autres la perçoivent et se sentent rassurés. La confiance contamine !

« Si tu as confiance en toi-même, tu inspireras confiance aux autres. »

— Johann Wolfgang von Goethe

Faites-vous partie de ceux qui redoutent d'avoir à prendre la parole en public ? Vous arrive-t-il d'être stressé à cette idée, de redouter le jugement de vos pairs et d'avoir peur de vous tromper et d'avoir l'air incompétent ? Si c'est le cas, commencez par respecter cette règle : une prise de parole, c'est 80 % de psychologie et 20 % de technique. Travaillez votre leadership, la perception que vous avez de vous-même et votre confiance en vous.

Une fois cela fait, passez 90 % de votre temps à préparer votre communication.

Les meilleurs conférenciers ne sont pas toujours les plus doués, ce sont ceux qui ont passé des centaines d'heures à s'entraîner.

Les points clés de l'assurance :

- Agir avec indépendance, en prenant des initiatives.
- Aller où vous voulez, quand vous voulez.
- Ne pas avoir peur de dire à haute voix ce qui vous vient à l'esprit.
- Agir au lieu de réagir.
- Être heureux et ne pas se laisser affecter par l'humeur des autres.
- Rester calme.
- Ne pas être impulsif.
- Avoir des buts et des passions.
- Montrer son assurance par des postures qui stabilisent le corps.

Beaucoup d'entreprises font appel à moi pour des conférences ou des séminaires privés, car elles ont compris l'intérêt du facteur humain pour lutter contre l'absentéisme, la fuite de hauts potentiels chez les concurrents, les problèmes de communication interne, les conflits, les crises, et exploiter au mieux la créativité et l'énergie de chaque collaborateur. Le calcul est vite fait, il faut en moyenne trois mois pour former un collaborateur efficace. Durant ce temps, la recrue ne fournira que 50 % de son potentiel. Avant le jour de son départ volontaire ou pas, un autre collaborateur ne produira qu'à hauteur de 50 % de sa capacité. Entre un départ et une arrivée, l'entreprise aura perdu six mois ! Et je ne parle que de rotations de personnel. Je ne parle pas de la fuite des employés « vedettes » chez les concurrents et de l'impact d'une démotivation générale dans l'entreprise…

L'assurance : clé du succès

Si vous observez les gens qui réussissent, vous constaterez qu'ils sont très confiants, sûrs d'eux, mais sans arrogance. Cette assurance les dirige automatiquement vers le succès dans les domaines de leur vie où elle s'applique. Vous pensez que ces gens ont eu de la chance de connaître le succès et que c'est cela qui nourrit leur belle assurance ? En réalité, la confiance en soi était bien présente avant le succès. C'en est même une des clés.

La confiance qui donne aux grands leaders leur pleine assurance garantit leur succès : confiance et succès travaillent ensemble et se renforcent mutuellement. Se faire confiance et avoir confiance, voilà deux attitudes qui présentent de nombreux avantages tout aussi bien dans la vie personnelle que dans la vie professionnelle. Quelles que soient vos ambitions, plus votre confiance en vous est une ressource stable, plus vous remporterez du succès et mieux vous traverserez sans vaciller les crises ou les difficultés.

La confiance, l'estime de soi et l'assurance se cultivent ! Elles ne sont pas acquises une fois pour toutes.

Certaines périodes peuvent vous déstabiliser, comme les transitions de carrière et les ruptures… Pour entretenir ces ressentis, les consolider, les maintenir au max de leur efficacité, deux facteurs sont essentiels : l'approbation de soi et celle des autres, autrement dit le sentiment d'être compétent et la réussite. J'ai eu la chance de côtoyer des leaders qui, partis de rien, avaient fait fortune. Leur secret ? Il est simple : partez gagnant ! On dit souvent des gens à qui tout réussit qu'ils sont nés sous une bonne étoile. La vérité, c'est qu'ils se sont donné les moyens de leur réussite.

Et pourquoi ça a marché ? Parce qu'ils y ont cru ! Et ceux à qui la chance ne sourit pas, sont-ils nés sous une mauvaise étoile ? Pas plus que les autres ne sont nés sous une bonne. Mais leur esprit fonctionne en sens inverse, dans celui de la défaite. Une espèce de loi veut que lorsqu'on est persuadé au fond de soi qu'on va perdre… eh bien, on perd effectivement.

Les pensées négatives programment le cerveau tout autant que les pensées positives. Si vous pensez que vous allez échouer et que vous vous le répétez continuellement, l'échec ne tardera pas à se produire. De telles pensées expriment des croyances, qui s'auto-entretiennent, et sans que vous l'ayez délibérément (ou consciemment) voulu, vous vous retrouvez en train de prouver par des échecs que votre pensée négative était bien fondée… La bonne nouvelle, c'est que les pensées positives, elles aussi, programment le cerveau et peuvent vraiment vous conduire au succès !

Edward Hutson mène une vie dont tout le monde rêve. Après avoir fait fortune en lançant sa propre société d'import-export en Thaïlande, alors même qu'il n'avait aucune connaissance du pays, il a tout vendu pour plusieurs millions de dollars et vit paisiblement en s'occupant de sa petite famille. Un travail acharné ? Oui, c'est certain. Une chance insolente ? Non, il n'avait pas plus d'atouts que vous en avez vous-même en ce moment. C'est parce qu'il était sûr de son entreprise et persuadé de son succès qu'il est parvenu à atteindre son objectif, allant au-delà des découragements et de la facilité.

Voici un autre exemple : en 1940, plusieurs dizaines de milliers de réfugiés arrivent à Hong Kong, fuyant les horreurs de la guerre sino-japonaise. Parmi eux, Li Ka-shing, un garçon alors âgé de 12 ans. Plus de 70 ans plus tard, il est devenu une légende. On l'affuble de divers surnoms, comme « KS » ou « Chairman Li ». Devenu la onzième fortune du monde et l'homme le plus riche d'Asie, il vaut plus de 20 milliards de dollars.

Pour parvenir à une telle réussite, ce fils d'instituteur a bâti un empire qui s'étend des télécommunications aux hydrocarbures, de l'immobilier à Internet, en passant par les produits de beauté. Surtout à l'aube de la mondialisation, KS a compris toute l'importance du commerce maritime en devenant le n° 1 mondial de la gestion des ports.

Alors, comment expliquer la fulgurante ascension de ce gamin du Guangdong ? Serait-ce une question de chance ? Il est certain que Chairman Li a toujours su saisir les opportunités. Mais cela ne suffit pas à expliquer son exceptionnelle réussite. Travailleur d'une détermination hors du commun, il est parvenu au premier rang à force de volonté et d'une exceptionnelle persévérance.

Il n'a que 14 ans lorsque son père meurt d'une tuberculose. Il quitte alors l'école et trime 16 heures par jour dans une usine de bracelets-montres, comme ouvrier d'abord, puis en tant que vendeur. À 22 ans, sa famille lui prête quelques milliers de dollars qu'il investit pour lancer une entreprise de fabrication de fleurs en plastique, qui représente, quelques années plus tard, 15 % de la capitalisation boursière de Hong Kong.

Quels sont ses secrets ?

Il en a dévoilé quelques-uns à un journaliste du *Times* : être exigeant vis-à-vis de soi-même et des autres ; engager les meilleurs effectifs, les payer à prix d'or, exiger d'eux une loyauté absolue et leur accorder la sienne en retour ; croire en soi et en toutes les occasions favorables de la vie ; en un mot, avoir une confiance en soi absolue.

« La vision est peut-être notre plus grande force. Elle nous garde en vie et assure la puissance et la continuité de la pensée à travers les siècles. Elle nous projette dans l'avenir et donne force à l'inconnu. »

— Li Ka-shing

De tels exemples de succès, il en existe plusieurs autres. Chose certaine, toutes ces réussites ont un dénominateur commun.

L'estime de soi et la confiance sont les piliers d'une puissante assurance qui donne un regard positif sur son action, en dépit du résultat. La meilleure façon de gagner la confiance est donc d'adopter une attitude positive et motivée. Si vous êtes submergé de pensées négatives, vous constituez vous-même votre propre obstacle à vos chances de réussite en affaires. Lorsque vous pensez positivement, cela donnera un nouvel élan à votre progression et vous serez en mesure de surmonter les périodes difficiles, quand le succès semblera un rêve lointain.

Le succès et la confiance en soi sont en étroite relation

C'est ce qu'a révélé une étude effectuée en France, en 1999, par l'Institut de veille sanitaire (InVS). Sur 100 personnes ayant un patrimoine de plus d'un million de dollars, on a démontré que ces dernières présentaient des «taux» élevés de confiance en soi. À la question : «Êtes-vous sûr de parvenir à vos objectifs ?», elles ont été 88 % à répondre : «Oui, c'est le moteur même de mon action.» Elles estiment être maîtresses de leur succès et pensent qu'elles savent tout ce qu'il faut savoir sur leur activité professionnelle. En pratique, cela signifie que si vous augmentez votre niveau de confiance, vous enclenchez automatiquement par le fait même votre progression vers le succès.

Et comme vous réussirez, votre confiance augmentera. Vous serez alors dans «le cercle vertueux de la confiance». Qu'il s'agisse d'un ingénieur qui doit savoir expliquer en termes simples ses projets au personnel de direction, d'un directeur des ventes chargé de dynamiser une équipe de représentants, d'un administrateur chargé de mener des réunions d'élus locaux ou d'un responsable du marketing qui doit apprendre à répondre aux critiques des clients ; tous ont besoin d'être en pleine possession de leurs moyens, de valoriser leur image et d'imposer leur présence. C'est là que la confiance en soi est déterminante.

Le mental est votre outil le plus puissant. Vous pouvez apprendre à maîtriser ce pouvoir :

- Que vous tentiez de décrocher un meilleur contrat ;
- Que vous tentiez de vous imposer à votre équipe de travail ;

- Que vous tentiez de tirer parti d'une nouvelle opportunité ;
- Que vous vouliez mener votre petite entreprise au niveau supérieur ;
- Ou que vous tentiez d'être plus efficace au travail.

« Le chemin du succès commence par l'acquisition d'un bon état d'esprit. »

Voici ce qu'a affirmé Ann Alyanak, entraîneuse en chef de l'équipe féminine de cross-country de l'université de Dayton, participant aux États-Unis aux qualifications pour les Jeux olympiques de 2008. Quand on lui a demandé en quoi sa façon de préparer les qualifications la distinguait des autres athlètes, elle a répondu ceci : « L'approche générale de l'entraînement sera similaire, mais les séances spécifiques vont changer. J'espère que cela me permettra d'entrer dans la compétition avec une condition physique qui me donnera une chance d'être compétitive. Le reste appartient à ma préparation mentale. »

- **La confiance en soi** est un ensemble de certitudes à propos de ses compétences. Plus on se sent compétent, plus on a confiance.

- **La confiance en soi** se construit dans les relations avec les autres et les expériences.

- **Avoir confiance en soi** permet d'affronter les échecs sans se dévaloriser et de mener à bien ses projets, même les plus ambitieux.

- **Le manque de confiance en soi** se traduit de façon variée ; il se cache parfois dans le rire, la fausse audace, la provocation.

3 RÉACTION

METTEZ FIN À L'AUTO-SABOTAGE

CHAPITRE 3

Réaction

Réagissez et mettez fin à l'auto-sabotage

Vous éprouvez un petit pincement au cœur, dès qu'il vous faut affronter une situation que vous craignez? Vous remettez une décision sous toutes sortes de prétextes? C'est probablement parce que vous ne croyez pas suffisamment en vous. Plus vos doutes gagnent du terrain, plus il devient difficile d'agir avec efficacité, d'affirmer votre autonomie. L'idée d'un affrontement vous paralyse... et les soucis s'accumulent. Vous ne vous sentez pas sûr de votre jugement, vous tergiversez pendant des heures et vous finissez, épuisé, par vous en remettre à l'avis des autres.

Par exemple, vous devez choisir un investisseur. Il vous faut décider entre plusieurs propositions. Hésitations... Par peur de vous tromper, vous n'arrivez pas à vous décider. Au bout du compte, vous ne parvenez pas à faire un choix judicieux. Oui, vous en choisissez un... mais pas le meilleur... Avant de poursuivre, laissez-moi vous faire part d'un sujet plein d'enseignement.

Damien, âgé de 39 ans, dirige une entreprise qui emploie une cinquantaine de personnes dans le secteur agroalimentaire. Il a participé à l'un de mes séminaires, et c'est ainsi qu'il en est venu à raconter son histoire devant les autres participants. Il y a 20 ans, Damien était un grand sportif. Sa préoccupation : surfer sur les plus grosses vagues, les plus belles et les plus dangereuses aussi.

Il passait son temps entre le surf et de petits boulots temporaires. Dès qu'il avait gagné suffisamment pour vivoter pendant quelques mois, il partait défier les déferlements de vagues et d'eau salée n'importe où dans le monde. Il avait été un élève médiocre, intéressé davantage par le sport que par les études, et il n'avait aucun projet à long terme. Sa ligne de vie n'allait pas au-delà de la crête de la prochaine vague. Et cela a duré deux ans, «deux ans de folie», dit-il aujourd'hui, «en vivant dans un rêve, figé dans un présent immobile».

Un jour, dans l'océan Indien, aux environs de l'île Maurice, il a rencontré une énorme vague de 13 mètres de haut. Que s'est-il passé? Il n'en sait que ce qu'on lui en a dit depuis; il a été happé par la vague, et tout le monde l'a cru submergé à jamais, jusqu'à ce qu'on le retrouve inconscient, gisant sur la plage. Damien a émergé du coma pour découvrir qu'il était paralysé, et il est entré dans une période de profond découragement. Plus rien n'avait de sens à ses yeux.

Il recevait régulièrement la visite d'une ancienne petite amie, qui n'acceptait pas de le voir sombrer dans l'inertie. Au lieu de le plaindre, comme il s'y attendait, elle l'a secoué, brusqué, lui a expliqué qu'il n'était qu'un lâche, un égoïste, et qu'il devait profiter de son état pour se remettre sérieusement aux études. Et c'est ce qu'il a fait, non sans peine. Pendant ce temps-là, il récupérait des sensations, de la motricité. Il suivait des traitements de kinésithérapie, souvent douloureux, et sa thérapeute se montrait dure, n'acceptant pas de le voir renoncer aux efforts et à l'espoir.

Alors Damien s'est accroché, jour après jour, pour parvenir à se tenir debout, réapprendre à marcher, reprendre sa scolarité. Puis, il a fini par être admis à l'université.

Chaque petit pas est devenu une victoire. En même temps qu'il a péniblement retrouvé l'usage de ses jambes, il a accompli des études dans une grande école de commerce.

Damien explique maintenant que sa vision du monde a complètement changé. Sa « bravoure » sur une planche de surf n'était qu'un moyen d'éviter de faire face à d'autres problèmes, de faire semblant d'être sûr de soi et d'éviter d'affronter son manque de confiance. Là, il prenait un autre départ ; les difficultés étaient présentes, mais il parvenait à les surmonter, et son niveau de confiance en lui s'accroissait.

À 25 ans, jeune diplômé, Damien occupe un emploi de cadre dans une grande entreprise et à 28 ans, il fonde la sienne en rachetant une société en difficulté qu'il va assainir et développer. Par la suite, il prend la tête d'un nouveau projet et va de succès en succès.

« Je réfléchis bien avant de prendre une décision importante, j'écoute sans juger tous les avis utiles et quand je me lance, je m'implique à fond, je ne doute pas… » explique-t-il avec une force tranquille.

À ce stade de ma vie, après avoir coaché des milliers de personnes dans plusieurs pays, je suis plus que jamais convaincu que ce sont nos décisions qui déterminent notre destinée et certainement pas les événements.

Damien a décidé de tout faire pour reprendre confiance en lui. Il s'est fixé de nouvelles règles et habitudes de vie, à commencer par le choix de croyances gagnantes.

Changeons nos pensées ; nous changerons nos croyances, nos émotions, notre vision du monde, notre quotidien et notre… vie !

Le combat que Damien a dû mener est semblable au vôtre : c'est un combat contre soi-même, contre ces pensées dévalorisantes qui empoisonnent littéralement la vie et qui se dissimulent le plus souvent sous des formes contraires. Damien a repris confiance en lui parce qu'il a affronté les vraies difficultés, alors qu'auparavant, il ne voulait pas les voir.

Aujourd'hui, il a acquis maîtrise, assurance et sérénité.

Malheureusement les gens ne font jamais ce travail courageux sur eux pour reprendre le contrôle.

À l'un de mes séminaires, je posais la question suivante aux centaines de participants :

« Vous laissez-vous piéger par cette petite voix qui vous juge et qui vous empêche de réellement vivre votre vie ? »

À cela, 80 % m'ont répondu : « Oui. » Et tous précisaient même que cela constituait un vrai handicap dans leurs affaires, leurs relations, leur santé et leurs finances.

Vendu à plusieurs millions d'exemplaires, le livre *Les Lois du succès* de Napoleon Hill met à juste titre la notion de confiance en soi au cœur du sujet. Pourquoi est-il si important d'avoir confiance en soi ? Vous êtes d'accord si je vous dis que nos pensées se traduisent dans nos décisions et nos actions. Le problème, c'est que nous permettons à des craintes, des doutes et des hésitations de prendre les commandes de nos processus de pensée. Cela provoque de gros dégâts dans nos vies de tous les jours, dans nos relations, notre milieu de travail, notre santé. Certains ont tout perdu à cause de cette petite voix négative qui a faussé leur jugement sur eux, les autres et leur environnement.

Combien de gens divorcent à répétition, changent d'emplois, de ville, de pays, d'amis avant de comprendre que le problème vient… d'eux-mêmes ! Tout ce gâchis provoqué par des craintes néfastes qui resteront dans l'imaginaire des gens.

Selon les recherches, les scientifiques ont établi six principales craintes de base. Six « petites voix négatives » qui tendent à prendre le pouvoir sur nos pensées. Elles provoquent un monologue intérieur qui produit une puissante autosuggestion. Résultat de ce « lavage de cerveau » : ces pensées négatives entraînent des actes qui viennent renforcer et nourrir des peurs existantes. Cette autosuggestion correspond à des ordres donnés par la pensée. À force de répéter ces craintes dans nos têtes à longueur de journée, nos comportements vont finir par obéir à ces ordres. Ces pensées négatives aboutissent à des faits bien concrets.

On se persuade de quelque chose qui n'a pourtant aucun fondement rationnel. « Je suis trop timide », et on agit comme une personne très timide. « Je ne suis pas assez drôle », et l'on perd tout sens de l'humour. « Je ne pourrai jamais trouver le grand amour » et l'on évite toute relation possible. « Je ne gagnerai jamais d'argent » et l'on est incapable d'économiser.

Si vous vous reconnaissez dans ce chapitre, il est temps dès maintenant de cesser cet auto-sabotage. Faites taire cette petite voix intérieure destructrice.

Ces suggestions sont mauvaises conseillères, et ce sont six peurs de base qui les alimentent :

1. **La crainte de la pauvreté :** la peur de perdre ou de ne pas recevoir l'argent que l'on veut obtenir.

2. **La peur de la vieillesse.**

3. **La peur de la critique :** la peur de l'opinion des autres. Cette peur pousse généralement les gens à vivre en dessous de leurs moyens ou à ne jamais réaliser leurs rêves. C'est l'une des pires craintes et des plus dommageables, à mon avis, car elle interdit le succès.

4. **La peur de perdre l'amour et la peur de l'abandon affectif :** Napoleon Hill considère qu'il est naturel pour tout individu de vouloir l'amour de quelqu'un d'autre, et d'éprouver de la jalousie.

5. **La peur de la maladie,** qui peut conduire à une préoccupation excessive. L'hypocondriaque s'inquiète et croit qu'il est atteint d'une ou de plusieurs maladies graves, au point qu'il commence à présenter des symptômes de ce qu'il « pense » avoir, car la force de l'esprit est réelle.

Je me rappelle cette anecdote : il y a quelques années, j'ai lu un article sur un décès pour le moins étrange. Un homme s'était enfermé par mégarde dans son camion frigorifique, sans aucun moyen de sortir, alors qu'il effectuait ses livraisons. Ce livreur s'étant persuadé que le froid allait le paralyser, on l'avait effectivement retrouvé mort de froid, alors même que le réglage de la chambre froide était en panne !

6. **La peur de la mort :** elle est étroitement liée à la crainte de la pauvreté, de la vieillesse, de la maladie, et de la mort qui s'ensuit.

Les pensées guidées par ces peurs ont un effet inhibiteur puissant et peuvent devenir obsessionnelles. Ce type de pensées détruit des millions de vie chaque année.

Elles représentent de véritables chaînes que l'on traîne sans s'en rendre compte. À cela s'ajoutent d'autres pensées négatives qui affectent votre estime personnelle. Ne vous êtes-vous jamais trouvé dans une situation où vous avez vu quelqu'un réaliser un projet, entreprendre une activité, oser faire évoluer sa carrière, et vous faire cette remarque en vous-même : *Moi, je ne pourrais jamais le faire*?

Même si chacun éprouve des doutes, ce qui est naturel, ils ne doivent pas dépasser certaines limites. Car ces doutes, quand ils prennent toute la place dans votre esprit, créent des limitations, des frontières mentales solidement ancrées en vous.

Comment se manifestent les croyances limitantes? Elles se combinent, s'unissent, se renforcent jusqu'à former des blocages psychologiques, et produire d'autres croyances négatives, venant les amplifier. Fait remarquable, les croyances **limitantes** sont capables de s'auto-entretenir, de se régénérer sans que cela demande le moindre effort.

C'est par leurs effets négatifs sur vous que vous en prenez conscience : elles limitent considérablement votre capacité à comprendre les choses sous différents angles. Elles programment votre esprit de telle sorte qu'il abandonne tout projet et toute perspective de succès et de réussite. Je veux parler de cette petite voix intérieure qui vous trouvera toujours toutes les bonnes raisons de ne pas sortir de votre zone de confort, de rester bien sage dans votre quotidien.

Il existe de nombreuses croyances limitantes, au-delà de ces six peurs fondamentales. En voici un aperçu :

- **Vous estimez que vous n'êtes pas assez bon pour arriver à quelque chose.** Vous pensez que vous n'êtes pas assez intelligent, qu'il vous manque les capacités ou les qualités particulières requises pour atteindre vos buts. Cet état d'impuissance vous prive du désir, et de toute légitimité à vous donner des buts et les atteindre.

- **Vous croyez que les gens ne vous aiment pas.** Cette croyance vous fait penser que personne ne vous aime ou ne veut se lier d'amitié en raison d'un défaut, ou de votre personnalité. Croyant cela, vous vous sentez très seul face aux difficultés qui peuvent se présenter au travail ou dans votre vie privée. Vous êtes seul face à un défi. Cette croyance vous prive de ce qui est essentiel à tout être humain : l'affection.

- **Vous croyez que vous serez rejeté si vous demandez quelque chose.** On observe fréquemment cette croyance négative chez l'étudiant qui a peur de demander assistance à son professeur, chez un salarié qui renonce à demander de l'aide à un collègue, chez une personne qui voudrait obtenir un rendez-vous galant.

- **Vous estimez que certaines tâches sont impossibles à réaliser.** Cette croyance découle logiquement de celle qui voudrait que vous soyez incapable d'effectuer une tâche ou d'atteindre un but. C'est une manière de restaurer un peu d'estime de soi, car étant donné qu'à l'impossible nul n'est tenu, il n'y a pas de honte à échouer face à une tâche « impossible ». Le problème, c'est qu'un grand nombre de réussites ont commencé par défier l'impossible : les grandes inventions ont rendu « possibles » des choses jusqu'alors hors de portée.

- **Vous vous accrochez à vos barrières mentales.** Ces personnes croient qu'il n'y a qu'une seule solution à une difficulté particulière, ou simplement qu'il n'y a qu'une seule façon d'effectuer une certaine tâche ou de faire les choses. C'est le cas, par exemple, de l'état d'esprit d'un employé enraciné dans la routine de son travail et qui se contente de suivre le comportement de ses collègues.

La plupart des employés estiment que la seule façon légitime et morale de gagner de l'argent est de travailler de longues heures, de sacrifier leur énergie, leur temps, leurs intérêts, leur famille juste pour gagner un salaire un peu plus important à la fin du mois. Solidement accrochés à cette barrière mentale, ces gens ne comprennent pas qu'il existe de nombreuses options pour gagner de l'argent, comme gérer une entreprise et investir.

- **Vous croyez que vous êtes voué à l'échec.** Les personnes habitées par cette croyance sont profondément convaincues que ce qu'elles entreprennent se soldera par un échec, si bien qu'elles ne se donnent pas les moyens de réussir, ou s'arrêtent à mi-chemin (surtout si un début de succès se dessine) et, finalement, elles échouent.

L'échec ne provient pas d'une malédiction, mais résulte d'un programme mental. D'ailleurs, comme la croyance doit en permanence s'auto-entretenir, il est naturel qu'elle mette en œuvre les stratégies nécessaires. Ainsi, l'amorce d'une réussite représente une menace pour la croyance, car elle apporterait un contre-exemple.

Croire que vous êtes voué à l'échec est un programme mental de *perdant*. Vous finissez par penser que vous n'obtiendrez jamais le moindre succès, et cela vous encourage à rester dans l'immobilisme, et à éviter de prendre les mesures utiles à votre réussite. Ainsi, cette croyance vous interdit-elle au bout du compte d'exploiter votre potentiel.

Maintenant, il est impératif de prendre conscience des effets néfastes que ces croyances limitantes peuvent avoir sur vous. Notre système de croyances a la capacité d'enrichir ou de détruire notre vie :

1. **Faire baisser votre moral** et, donc, votre efficacité et votre motivation ou celles de vos collaborateurs : les états d'abattement sont issus de ces pensées qui vous entraînent dans le cercle vicieux de la dévalorisation. En se programmant pour l'échec, lorsque celui-ci se concrétise – ce qui est tout à fait logique, puisque vous vous êtes programmé pour cela – les sentiments de frustration, de découragement, de fatalité, les complexes se développent librement, et renforcent un peu les fausses croyances.

2. **Mener à la procrastination et la paresse :** il est naturel de remettre à plus tard les tâches que l'on ne juge pas urgentes, pas importantes, inutiles ou désagréables. Toutefois, la procrastination entraîne un sentiment de culpabilité, tout comme elle peut causer de l'anxiété, car la tâche reste encore à faire. De plus, la procrastination peut altérer les performances si la tâche est bâclée en un rien de temps au lieu d'être correctement accomplie.

Lutter contre cette tendance à toujours remettre à plus tard est un combat quotidien. La victoire est à votre portée à partir du moment où vous remplacez cette mauvaise habitude par une bonne ; vous traitez les dysfonctions et les désordres immédiatement, par exemple. Ce sont des pensées négatives qui créent les méfaits de la procrastination. Soyez vigilant, ne les laissez pas gagner du terrain.

3. **Perdre de vue vos buts, rêves et aspirations** : vous ne savez plus ce qui vous motive dans la vie, tout se passe comme si vous perdiez pied, comme si vous étiez emporté par le torrent de la vie sans pouvoir trouver un repère stable et solide. De fait, des problèmes d'organisation se posent ; vous êtes débordé et ne savez plus par quoi commencer pour rétablir l'ordre et l'équilibre. Votre entreprise et votre travail stagnent.

4. **Détruire vos espoirs et vos aspirations** : vous êtes conscient d'avoir des rêves, des désirs d'épanouissement, mais vous ne voyez pas comment les réaliser. La frustration est alors quotidienne... Vous voulez demander une augmentation ? Mais, tout bien réfléchi, vous ne pensez pas la mériter ou vous avez peur d'essuyer un refus. Par conséquent, vous ne faites rien, vous restez dans l'inaction et votre situation n'évolue pas, votre estime de soi diminue et vos déceptions augmentent.

Voici à présent le genre de phrases qui, peu à peu, sabotent la confiance et l'estime de soi :

- Je ne peux pas dire ce que je pense.
- Je ne suis pas important.
- Les autres ne m'aiment pas.
- Je ne sais pas gérer les situations difficiles.
- Je ne peux pas affronter mon patron.
- Je suis nul.
- Je vais être ridicule.
- Tout ce que j'entreprends dans tel ou tel domaine échoue toujours.

- Je ne sais pas comment trouver d'autres débouchés.
- Je ne pourrai jamais réussir.
- Il faut être riche pour réussir.
- Je suis trop vieux. C'est trop tard pour changer.
- Je n'ai plus droit à l'erreur.

Le fait de découvrir ses croyances limitantes et d'observer leurs effets va vous permettre de les éliminer ou de les modifier pour les rendre utiles. C'est une première étape incontournable. Les croyances remplacent la réalité ; elles possèdent une grande puissance, car elles représentent la « vérité » tant qu'elles sont actives. Vous ne manquez jamais d'excuses pour justifier vos croyances : « Si je n'ai pas fait telle chose, c'est parce que ce n'était pas le bon moment, parce que je suis fatigué, parce que je suis pressé », etc.

Admettons-le, nombre de personnes sont expertes dans l'art et la façon de trouver des excuses pour ne jamais sortir de leur zone de connaissance. Je pourrais parler de « zone de confort » dans ce cas précis, mais je ne pense pas que ce soit très confortable de ne pas avoir la santé, de vivre seul ou de manquer d'argent chaque fin de mois. C'est inconfortable, mais c'est surtout une « zone » connue ; alors nous évitons d'en sortir pour affronter nos peurs. Le problème est que la progression, la récompense, la différence et la fierté du travail accompli se trouvent au-delà de nos peurs et de nos croyances limitantes.

Parfaitement intégrées à la personnalité, les croyances demeurent le plus souvent inconscientes. Les personnes très réservées ont parfois des difficultés à prendre conscience qu'elles ne risquent rien si elles ne répondent pas favorablement à des sollicitations, des requêtes, des demandes. Face aux problèmes que cela leur pose, beaucoup de gens m'ont demandé de les aider à oser dire « non ». Souvent, à la base de ce comportement, il y a la croyance que refuser quelque chose, c'est risquer de déplaire et de ne plus être aimé, apprécié, recherché.

Christophe, un de mes clients, président d'une brillante entreprise canadienne de plusieurs milliers d'employés, avait tendance à être trop gentil, au point de se laisser envahir par toutes sortes de demandes. Cette gentillesse pouvait être un atout, mais dans le contexte de son emploi, il vivait cela comme un handicap. Surchargé de travail, mal récompensé, il n'osait pas s'exprimer librement… Son quotidien était chargé de frustrations et de petites déceptions qui s'accumulaient inexorablement. Incapable de se fixer des limites, ne voyant aucune issue, Christophe commençait à perdre le moral et la confiance…

Comme Christophe, êtes-vous surchargé de travail ? Vos collègues ou votre supérieur vous en demandent-ils toujours plus ? Votre fournisseur vous presse de faire un effort supplémentaire pour réduire les prix, alors que vous venez d'en accorder une juste part ? Êtes-vous sollicité pour une tâche pour laquelle vous n'avez pas les compétences ?

Le mot magique, capable de mettre fin à ces pressions, est « non » ; un « non » clairement énoncé, tout en étant bienveillant et parfaitement dépourvu d'agressivité… Une explication peut le justifier : « Non, je ne peux m'engager à remplir cette mission, car je ne suis pas formé pour cela » ; « non, je ne peux acquiescer à votre demande, car je suis déjà débordé de travail » ; « non, cette tâche demande du temps et je ne voudrais pas la bâcler, car j'attache de l'importance au travail bien fait » ; etc.

Utilisez ce mot magique à bon escient et vous serez surpris de voir sa redoutable efficacité à l'œuvre. Il va instantanément créer un certain charisme autour de vous !

Il faut bien comprendre que nos croyances limitantes sont un des moyens les plus puissants pour communiquer avec notre inconscient. Une pensée agit comme une commande transmise directement à notre cerveau, et celui-ci s'emploie ensuite à l'exécuter au mieux.

Si, en raison d'expériences malheureuses dans le passé, vous en êtes arrivé à croire qu'en général, les gens sont méchants et égoïstes, vous interpréterez la plus petite remarque ou le moindre geste comme la preuve que cette croyance est réelle. Ainsi, si quelqu'un vous bouscule, vous pourrez penser que la personne était tellement préoccupée par elle-même qu'elle ne vous a même pas vu.

Si quelqu'un sourit dans la rue en vous croisant, vous imaginerez qu'il se moque de vous. S'il survient une épreuve, si un problème se présente, si un malheur vous arrive, vous penserez tout de suite que certains collègues vont se réjouir de vos ennuis. Pour vous protéger, vous allez donc adopter une attitude méfiante et distante à l'égard des autres, ce qui amènera les gens à vous éviter, et qui viendra renforcer votre croyance en l'égoïsme et la méchanceté d'autrui.

Toute croyance a le pouvoir de diriger votre focus. Ce focus (ce à quoi vous pensez) provoque en vous une émotion. Et en accord avec cette émotion et cette « certitude », votre inconscient va prendre immédiatement une décision.

Votre état, votre niveau de vitalité, votre croyance, votre focus et votre émotion vont « piloter » l'action que vous allez prendre bien souvent inconsciemment.

J'ai d'ailleurs pour habitude de répéter dans mes conférences ceci : pas d'énergie, pas de bonne émotion ; pas de bonne émotion, pas de bonne décision.

Les gens, en soi, ne sont ni bons ni mauvais. Ils adoptent souvent de mauvaises réactions et prennent de mauvaises décisions en fonction de leur état du moment. Je repense d'ailleurs à ce président de compagnie qui a pour habitude de dire qu'il ne vendra jamais son entreprise le soir. Cela veut dire qu'il conscientise à quel point toute grande décision demande un niveau énergétique élevé, une acuité intellectuelle au plus haut point, tout en bénéficiant d'une émotion positive.

Voilà pourquoi plus de 85 % des membres de Fortune 500 aux États-Unis font du sport cinq fois par semaine et maîtrisent leur alimentation afin de maîtriser ce processus. L'énergie et la performance du leader : j'ai le plaisir de vous en parler dans mes autres ouvrages et programmes.

Pour que vous puissiez comprendre ce processus qui nous touche tous au quotidien, prenons cet exemple. Vous êtes dans un restaurant au cœur de votre ville. Nous sommes au mois de juin. Le ciel est radieux, les températures sont douces. Il est 12 h 15. Vous aviez rendez-vous avec une personne pour parler affaires. Le rendez-vous était fixé à 12 h et elle n'est toujours pas là. Que pensez-vous ? Comment réagissez-vous ? Vers quoi dirigez-vous votre attention ?

Imaginons la situation suivante : le rendez-vous a lieu en Amérique du Nord, vous n'avez pas mangé de la journée, vous avez mal dormi la veille, votre niveau énergétique est bas, dans votre éducation le principe du respect de l'heure est important et en plus vous souffrez d'un manque de confiance en vous… Dans ce cas, vous avez de fortes chances de mal interpréter la situation. « Mais pour qui se prend cette personne pour me manquer à ce point de respect ? » ; « je le savais, elle ne m'a pas prise au sérieux » ; « elle ne viendra jamais, c'est fichu »…

Je précise que tout n'est encore une fois que perception. À Montréal, être à l'heure à un rendez-vous signifie arriver au moins 5 minutes à l'avance ; à Paris ou Rome, 10 à 20 minutes après l'heure de rendez-vous sont souvent tolérées ; à New Delhi, vous avez jusqu'à un jour !

Et pour finir notre histoire, que se passera-t-il si la personne finit par arriver sur le lieu du rendez-vous et qu'elle vous explique que sa voiture ne pouvait pas démarrer, qu'elle a dû prendre un taxi et que, manque de chance, en raison de longues réunions téléphoniques son cellulaire n'avait plus de batteries ! Aurez-vous la bonne émotion pour assurer avec performance ce rendez-vous d'affaires ? Et si la personne ne vient finalement pas, allez-vous gâcher le reste de votre journée en lui donnant de l'importance ou en vous autoflagellant sur une possible faute ?

> « *Ce que nous croyons en toute bonne foi n'est pas nécessairement la vérité.* »
>
> — Elizabeth Loftus

La confiance illimitée du vendeur d'Apple

Toujours à propos de nos croyances, comme l'a démontré dans ses recherches la psychologue Elizabeth Loftus, ce que nous croyons en toute bonne foi n'est pas nécessairement la vérité. Appliquées aux domaines de la vente, les croyances peuvent faire des miracles ou causer de vrais désastres. Au risque de vous paraître brutal, la plupart des résultats que nous attendons dans nos vies de leader dépendent de notre capacité de vendre. Vendre nos idées, nos services, nos produits. Vendre le choix du restaurant de la soirée en famille, vendre son idée de restructuration à son patron, vendre ses produits pour un contrat de plusieurs millions : tout dans nos vies dépend de cette capacité.

Comment se vendre sans confiance en soi ? Si la vente est au centre de notre réussite, notre capacité à transmettre de la conviction est essentielle. Et nous avons cette compétence en nous dès l'enfance. Les meilleurs vendeurs ne sont-ils pas les enfants ?

Les enfants sont les vendeurs les plus convaincants, ils sont conquérants ! « Conviction » vient du mot latin *convict*, qui signifie conquérir. Partir à la conquête de ce que vous voulez vraiment, partir à la conquête de ses croyances limitantes.

Vous voulez augmenter vos résultats dans la vie, soyez convaincu. Hier, j'offrais une conférence à Montréal à 1200 vendeurs d'assurance vie d'une compagnie canadienne. Voici ce que je leur expliquais : dans une vente, la personne qui va toujours, toujours l'emporter est celle qui sera la plus convaincue de son point de vue. Navré de vous dire cela, mais peu importe si elle a raison ou pas. La gagnante est celle qui est investie de ce sentiment de conviction, d'assurance totale en soi.

Si vous n'êtes pas à 110 % convaincu par vous et vos idées, vous aurez du mal à les vendre. Si vous permettez à votre esprit de douter durant « l'acte » de vente, c'est perdu pour vous.

Si précédemment je vous expliquais comment les croyances limitantes pouvaient détruire notre vie, sachez que cette même force agit quand elles sont positives.

Dans le cadre de l'effet « magique » d'une croyance positive, je repense à Apple. Que ce soit vrai ou pas, tous les vendeurs d'Apple ont la forte conviction que leurs produits sont les meilleurs au monde. Et cette croyance adoptée par tous les employés décuple leur performance.

Tenez, il y a un peu moins d'un mois, j'achetais la nouvelle version de l'iPhone. À peine entrais-je dans le magasin pour faire mon achat qu'un vendeur me prenait en charge. Alors qu'il menait parfaitement sa vente, je regardais ce jeune homme en me disant qu'il avait une belle leçon à donner à nombre de représentants des ventes. Il adorait son produit, il était passionné, le sang d'Apple coulait dans ses veines, il pensait Apple, il respirait Apple! Chacun des arguments qui sortaient de sa bouche était d'une parfaite congruence. Il était convaincu et plein de confiance dans son produit. Il n'hésitait à aucun moment car il ne se mentait pas à lui-même! Il avait la croyance adaptée à sa mission.

Dans ce cas de figure, une croyance adaptée à vos projets deviendra votre meilleure alliée dans votre ascension vers la réussite.

A contrario, les croyances limitantes peuvent provoquer de véritables contre-performances commerciales dans le domaine de la vente.

J'ai en tête ce vendeur venu chez moi pour changer la vingtaine de fenêtres de ma maison. Notre maison datant de 1923 demandait une meilleure isolation.

En évoquant un traitement spécial des vitres, le vendeur me vantait ce type de produit haut de gamme comme le meilleur sur le marché. «Une affaire en or, allez-y les yeux fermés», me dit-il. Étonnamment, malgré ses mots, je ne sentais aucune conviction en lui. Aussi lui ai-je demandé si lui-même avait investi dans ces fenêtres parfaites au rapport qualité-prix imbattable.

«Non, me répondit-il, je n'en ai pas les moyens.

— Pas les moyens? Si vous pensiez que ces fenêtres étaient vraiment le parfait produit pour vous, au meilleur rapport qualité-prix, et le meilleur moyen de faire des économies de chaleur, vous les auriez probablement achetées, non ? Quand vous pensez qu'un produit est la meilleure affaire et qu'il vous est indispensable, faites-vous tout pour l'acheter ? »

Bien entendu. Peu importent les moyens mis en jeu pour réaliser cette affaire du siècle, un emprunt à la banque, un prêt de sa conjointe, de ses parents, de sa famille ou de ses amis, vous rassemblez les fonds nécessaires pour exploiter cette occasion en or, quitte à opter pour un changement progressif, avec les années, de vos fenêtres.

Autre désastre provoqué dans le domaine de la vente en raison de nos croyances limitantes. Pour nos vacances d'été, nous aimons souvent nous retrouver dans notre résidence familiale sur la Costa Brava en Espagne. Un vrai lieu de ressourcement. S'il est une habitude que nous avons, ma femme, mes enfants et moi, c'est de déguster régulièrement en fin de journée une crème glacée.

Je me souviens de cette vendeuse qui nous a présenté ce soir-là la carte des desserts. En plein dilemme cornélien, Benjamin, mon plus grand, a demandé à la vendeuse quelle crème glacée elle préférait entre ses deux choix. Elle lui a répondu : « Désolée, je ne mange pas de crème glacée… » J'ai cru au début que c'était une plaisanterie et je me suis mis à rire : « Désolée, je ne mange pas de crème glacée ! » Mais que faisait donc cette vendeuse dans ce commerce ? Y avait-il un patron dans cette entreprise ? Au final, la famille a remercié la vendeuse. Nous nous sommes levés et avons décidé de déguster notre dessert dans le commerce situé de l'autre côté de la rue, chez un maître glacier qui nous inspirait confiance.

Le vendeur qui n'est pas prêt à acheter le produit qu'il vend manquera la plupart du temps de conviction dans ses ventes.

Le vendeur non doté de la croyance appropriée ne pourra se distinguer, car il finira par se mentir à lui-même.

À retenir : vie professionnelle et vie privée : pas de croyances adaptées, pas de confiance, pas de conviction, pas de performance dans tous vos actes de vente.

Derrière chaque comportement, il est facile de comprendre qu'il se cache une croyance.

Listez vos comportements et vous trouverez vos croyances sur vous, les autres et la vie.

Pour finaliser cette réflexion sur notre psychologie appliquée à la vente, si vous êtes vendeur et que vous remarquez à quelques mètres de vous des clients qui discutent à propos d'un produit en ayant l'air d'hésiter. Un vendeur confiant va engager la conversation, écouter leurs attentes et les conseiller. En revanche, si le représentant est aux prises avec des croyances mal adaptées à sa mission, s'il manque de confiance en lui, peut-être va-t-il penser : *Si je leur propose ce produit-ci qui est plus cher, ils vont se dire que j'essaie de leur vendre le produit le plus coûteux et ils risquent de partir en ne me faisant plus confiance. Je ne pourrai pas leur proposer autre chose.* Là encore il va s'auto-saboter, alors qu'il aurait pu s'illustrer.

Si vous décidez de vous lancer quand même, malgré votre manque de confiance, vous risquez d'avancer en hésitant, comme gêné. Or, ce type d'attitude donne tout de suite au client l'impression à laquelle vous essayez pourtant d'échapper : « Encore un qui veut me revendre quelque chose pour avoir sa commission ! » Et vous verrez vos craintes se concrétiser, ce qui n'améliorera pas votre confiance en vous.

Si j'ai le plaisir de revenir en détail sur la psychologie de la vente et de l'influence dans mes séminaires et programmes, comprenez bien que ce n'est pas l'événement qui se produit qui va provoquer en vous l'émotion positive ou négative, c'est bien l'interprétation que vous en faites.

Mal réagir à une situation n'a souvent pas de conséquences. Conserver cette mauvaise stratégie toute votre vie peut avoir des conséquences désastreuses. Si vous demandez à des personnes peu confiantes d'expliquer leurs résultats à l'âge de 80 ans, certaines vous parleront d'époque, d'un manque de chance et d'un mauvais environnement… D'autres ne pourront rien expliquer et seront rongées par les remords. À retenir : si nous ne pouvons changer la plupart des circonstances, nous pouvons choisir de les réinterpréter. Les croyances peuvent bien nous accompagner dans notre performance, elles sont aussi à l'origine des plus belles débâcles personnelles que professionnelles.

Ne laissez pas vos expériences malheureuses précédentes vous dominer. Bougez et trouvez des parades pour reprendre le contrôle. Au lieu de penser problème, pensez solutions. Demandez-vous toujours ce que vous n'avez pas encore fait. Cherchez en permanence de nouvelles solutions. Si vous ne pouvez pas entrer par la porte, entrez par la fenêtre.

Pourquoi, par exemple, ne pas mettre au point une liste de témoignages de clients satisfaits ? Astuce puissante… La collecte de témoignages de clients satisfaits est le meilleur moyen de se redonner confiance. Imaginez ce que ce serait d'avoir un fichier de témoignages de clients ravis qui ont tous pensé que vous avez été clair, intègre, compétent et efficace !

- **Recueillir les témoignages de clients** permet également de renforcer vos convictions sur la valeur de vos produits et services, des solutions fournies à leurs problèmes, aptes ou non à répondre à leurs besoins, et surtout de les améliorer. Lorsque vous prendrez le temps de solliciter, de rassembler et d'apprécier les témoignages des clients, vous vous sentirez plus confiant quand vous devrez essuyer les refus (rejets) d'autres clients.

- **Cultiver une croyance limitante, c'est de l'auto-sabotage.** C'est programmer son échec. C'est se condamner à la médiocrité. C'est s'interdire de saisir une opportunité ou de tenter sa chance. C'est entrer dans une spirale vicieuse dont il devient de plus en plus difficile de se dégager. Les croyances limitantes vous empêchent de vous donner à fond, de laisser s'exprimer tout votre potentiel et de déployer toutes vos ressources.

4 ACTION

LIBÉREZ VOTRE ESPRIT ET PASSEZ À L'ACTION

CHAPITRE 4

Action

Libérez votre esprit et passez à l'action

L es gens qui disposent d'une sereine assurance sont, à bien des égards, fascinants. Tout leur sourit, ils obtiennent ce qu'ils veulent, notamment dans le domaine professionnel. La vie leur paraît belle, pleine de promesses et de défis enthousiasmants. Ils maîtrisent assurément le processus dont je vous parlais plus haut. Beaucoup de gens en lisant ces lignes pourraient se dire « eh bien, ils en ont de la chance ; s'ils étaient dans ma situation... »

Mais ce n'est pas de la chance, c'est plutôt une capacité de faire SA chance. De savoir saisir les occasions quand elles se présentent. Pour cela, les leaders à succès ont surtout conscience de la puissance suprême de l'être humain.

Soyez attentif à ce passage : les grandes réussites utilisent sans limites le plus grand pouvoir qui nous est donné à chacun et chacune de nous. Un outil qui peut tout changer et à tout moment ! Quelle est cette force qui a la puissance de changer la qualité de notre vie et de nous gorger de confiance en nous ? Il s'agit du pouvoir de DÉCISION.

À chaque seconde qui passe, vous prenez des décisions. Vous prenez des décisions qui affectent votre état, votre énergie, votre focus, vos émotions, votre confiance en vous.

En avez-vous conscience ?

Au moment où vous lisez ces lignes, prenez-vous la décision d'être concentré à 110 % sur ce livre ou menez-vous en même temps une conversation par message texte ? Avez-vous pris la décision de vous isoler pour retenir le maximum de cette méthode, ou avez-vous laissé la télévision allumée dans l'attente de votre émission favorite ?

Dans cette période de défi où l'économie mondiale est en pleine mutation et provoque de nombreuses frustrations, vous avez le choix de la décision à prendre pour l'affronter.

Quel sens donnez-vous à cet événement ?

Si je reviens en profondeur durant plusieurs mois, dans notre formation en ligne Le programme SPARK, sur ce pouvoir qui est en nous, je voulais attirer votre attention sur votre capacité d'augmenter votre confiance en vous dès maintenant. DÉCIDEZ !

Que vous le vouliez ou non, il est rarement possible de modifier l'environnement dans lequel nous vivons. Vous ne changerez pas l'économie mondiale, le temps qu'il fait ou l'attitude de nombreuses personnes autour de vous. Vous pouvez en revanche décider. Décidez de donner un sens différent à la situation, décidez de libérer votre esprit et surtout décidez de passer différemment à l'action pour assurer votre performance et votre progression. Faites-le dès maintenant, car la vie est courte…

Une histoire qui inspire

Un autre exemple pour évoluer selon notre méthode. À l'université, Michael Dell ne brillait pas spécialement dans ses études, préférant concevoir et assembler des ordinateurs. Il abandonne ses études à 19 ans pour créer son entreprise avec seulement 1000 dollars en poche.

Dès le début des années 1980, Dell énonce les quelques recettes qui feront son succès. Aucun stock, une fabrication uniquement sur commande et la vente à bas prix. Les entreprises et particuliers qui veulent s'équiper en matériel informatique font appel à lui. Dell devient assez rapidement un des leaders mondiaux de la fabrication d'ordinateurs. Entre 1996 et 2000, le cours de l'action en Bourse de l'entreprise est multiplié par 500, faisant de lui un milliardaire. **Quelle est la recette de son succès?** Il est positif, inventif, réaliste, organisé et sûr de lui.

A. Apprenez à vous accepter

Je ne vous parle pas d'accepter intellectuellement tel ou tel talent, tel ou tel domaine de réussite dans votre vie ; je vous parle de vous. Autrement dit : s'accepter, c'est commencer par se connaître et s'apprécier.

S'apprécier, s'aimer, se considérer avec respect permet de déployer ses immenses potentialités. Sachez-le, chaque être humain est unique. Il porte en lui ses particularités et ses différences. Commencez à vous apprécier et à agir dans le respect de soi, et vous verrez changer le regard que les autres portent sur vous. Il ne s'agit certes pas de tomber dans l'égocentrisme ou le narcissisme : vous n'êtes pas amoureux de vous-même…

Comprenez seulement que vous êtes unique ; vous n'avez pas besoin de vous comparer sans cesse aux autres. Ceux qui ressentent le besoin d'étaler ce qu'ils possèdent manquent terriblement de confiance en eux. C'est pourquoi ils font appel à des moyens habiles, et veulent se convaincre que les apparences suffisent. Voici à présent les deux règles d'or pour apprendre à s'accepter :

Première règle d'or : Déterminez vos problèmes avec réalisme

Tout d'abord, mettez à jour les questions qui fâchent ou qui irritent, celles que vous cachez au plus profond de vous. Retenez ceci : clarté égale puissance. Ensuite, il s'agit de prendre conscience des points que l'on aimerait régler pour être plus épanoui, plus efficace au travail, pour propulser sa carrière. Rappelez-vous que s'accepter ne dépend pas de ce que les autres pensent de vous, mais seulement de votre perception de vous-même.

Vous êtes la personne la plus importante dans votre vie !

Le grand animateur américain de fin de soirée Johnny Carson, surtout connu pour avoir animé l'émission *The Tonight Show* de 1962 à 1992, a toujours souffert d'un manque de confiance en soi et d'un sentiment d'insécurité. L'homme est pourtant devenu une super-vedette connue de tous les foyers américains. Étonnant, n'est-ce pas ?

Au cours de nombreuses réceptions où il était invité, il se sentait mal à l'aise avec les étrangers, se mêlait à peine aux autres et parlait difficilement. Pourtant, il a appris à gérer ces situations embarrassantes en acceptant qu'elles fassent partie de sa personnalité. Mieux encore, il en a tiré parti comme d'une ressource, qui le rendait capable d'animer et de jouer tous les soirs devant des millions de téléspectateurs.

Il a choisi d'agir en utilisant sa personnalité feutrée et introvertie, plutôt qu'en tentant de la masquer ou de l'ignorer. Son manque de confiance s'est ainsi converti en un énorme cadeau, car il lui a permis de compenser son sentiment d'infériorité en devenant un des artistes les plus populaires et les mieux payés de l'histoire de la télévision. Le modèle de Johnny Carson peut inspirer chacun en l'aidant à s'accepter et à tirer le meilleur de sa personnalité.

Quand l'écrivain Aldous Huxley décrit dans son roman d'anticipation *Le meilleur des mondes* (titre publié en 1932), il montre un exemple de perfection, d'uniformité, et ce qui s'en dégage est une sorte de déni de la vraie vie. Dans la vraie vie, les gens ne sont pas parfaits. Ils ont des faiblesses, des vulnérabilités et des différences. Ce sont ces particularités qui font la force des êtres humains, comme la biodiversité fait la santé de la nature.

Deuxième règle d'or : Précisez vos points forts et valorisez-les !

Quels sont les domaines de votre vie dans lesquels vous ressentez de la satisfaction ? Quels sont vos talents ? Qu'est-ce qui fait de vous une personne compétente, efficace et appréciée par ses collègues ?

Quand vous concentrez votre attention sur les aspects négatifs, vous finissez par oublier les aspects positifs. Commencez à les prendre au sérieux. À partir du moment où vous accepterez d'être imparfait, vous vous sentirez déjà beaucoup mieux. Vous ferez la part entre les défauts que vous pourrez utiliser à votre profit, et ce qui ne dépend pas de votre volonté. Vous pourrez montrer vos faiblesses sans honte.

Soyez honnête envers vous-même !

Aussi incroyable que cela puisse paraître, c'est en reconnaissant ce que vous n'aimez pas chez vous et pourquoi, que vous pourrez vous aimer. En effet, si vous déniez votre état émotionnel, vous ne pouvez pas le faire changer. Par exemple, vous ne voulez pas reconnaître que vous êtes timide parce que cette image de vous vous déplaît profondément.

Autre exemple à propos de santé et d'énergie auquel je repense : combien de participants à mes séminaires victimes de surpoids adoptent souvent deux comportements ! Ou ils se présentent comme malchanceux, ou ils se réfugient dans l'autodérision en expliquant avoir seulement un peu d'embonpoint… « De l'embonpoint douillet », ajoutent-ils parfois ! Une stratégie néfaste qu'ils « alimentent » chaque jour. Ce réflexe poison est très vite supprimé par l'approche novatrice que nous proposons avec mon équipe durant nos événements publics. Et pourquoi ne pas commencer par voir la situation avec honnêteté, pas pire mais telle qu'elle est ? Je suis convaincu que c'est ainsi que toute progression est possible.

Sans cette démarche sincère avec les bonnes stratégies, il est très difficile de faire évoluer un homme qui a des convictions. Voici le cycle dans lequel nous nous trouvons. Si vos croyances sont remises en cause par des évidences contradictoires, vous plongez votre cerveau dans un dilemme. Un état de dissonance cognitive. Vous aviez le sentiment que votre croyance était solide et voilà que vous avez des preuves irréfutables que vous aviez tort. C'est un coup dur porté à votre psychologie et votre confiance en vous.

À cette étape, vous avez deux choix :

1. Soit que vous acceptiez la contradiction entre vos croyances passées et les nouvelles. Durant cette période «d'incohérence», vous allez ressentir de la douleur jusqu'à ce que les nouvelles croyances soient assimilées et vous apportent du bonheur.

2. Soit que vous vouliez éviter cette première étape de « douleur » et que vous trouviez un moyen de tourner en dérision ces preuves et d'ainsi conserver vos anciennes croyances passées. C'est ainsi que la plupart des gens ne souhaitent pas se remettre en question et conservent leurs habitudes. Il est difficile de faire évoluer ces personnes qui ont des convictions, dont la première, qu'elles sont absolument dans la vérité.

Sans cette franchise courageuse, vous devez alors employer mille moyens détournés pour que votre malaise, vos complexes et votre timidité ne se remarquent pas. Vous faites le brave, vous en rajoutez. Inutile de vous raconter vos cauchemars, vos malaises, vos tremblements ou vos maux de ventre, et tout ce que vous subissez pour ne pas reconnaître votre fragilité et montrer votre manque d'assurance. En faisant preuve d'honnêteté face à vous-même, vous admettrez et accepterez d'être quelqu'un de timide. Vous constaterez alors qu'il n'y a rien de dévalorisant à vous l'avouer et à l'admettre. D'ailleurs, vous êtes loin d'être le seul.

À partir de cette reconnaissance et de cette acceptation, vous pourrez d'une part vous aimer tel que vous êtes, et d'autre part essayer de diminuer votre timidité. Pour un dirigeant, la valorisation du travail de son équipe représente un outil essentiel de motivation : « Vous avez bien travaillé » ; « heureusement que je peux compter sur vous » ; etc. Ces petites phrases exercent une puissante influence sur les collaborateurs. Valoriser, c'est gagner en respect, en leadership (puisque vous êtes celui qui distribue les « bons points ») et en productivité.

- Commencer en parlant de choses positives a pour effet de créer un état interne positif et une ouverture d'esprit favorables à une bonne assimilation du message. Faire prendre conscience d'un ou deux points améliorés, c'est devenir conscient de la capacité à progresser ; c'est donc nourrir la confiance en soi par rapport à l'avenir.

- Terminer à nouveau sur du positif, c'est répéter pour véritablement implanter la confiance en soi.

B. Surmontez vos peurs et vos inquiétudes

« Vous gagnez de la force, du courage et de la confiance à chaque expérience au cours de laquelle vous arrêtez de regarder la peur en face. Vous êtes capable de vous dire "j'ai vécu cette horreur, je peux la surmonter". Vous devez faire ce que vous pensez que vous ne pouvez pas faire. »

— Anna Eleanor Roosevelt

Quand vous parvenez à gérer une peur, vous revenez dans le réel, la vraie vie, le présent. Tout compte fait, cette peur vous semble alors négligeable. Tout être humain a peur de quelque chose ; la peur est utile tant qu'elle ne vous enferme pas dans des barrières mentales, mais vous dirige vers la recherche de solutions pour la vaincre.

Si la peur de ne pas être aimé ou de ne pas être assez important est la crainte principale que nous ressentons chaque jour, saviez-vous qu'une des études les plus récentes en psychologie sociale montre que l'une des peurs les plus courantes est de prendre la parole en public ? Parler devant les autres, c'est risquer de déplaire, de paraître incompétent, de subir le rejet. De nombreux dirigeants de grandes sociétés, des personnes brillantes, des champions olympiques, des artistes au pouvoir considérable perdent de leur assurance et de leur charisme dès qu'ils communiquent oralement en public. Ceci s'explique en partie par le plus grand intérêt dans notre culture pour la manière de dire les choses plutôt que pour ce qui est dit.

Il reste que c'est par la forme que l'on touche l'auditoire. Ainsi, des gens qui ont un message important à transmettre sont-ils injustement pénalisés quand ils ne possèdent pas d'habiletés de communication. Ce défaut de communication mène fréquemment à une frustration personnelle permanente : la carrière n'évolue pas en fonction des capacités et des potentiels reconnus.

On observe que les statistiques révèlent le caractère fortement angoissant de la prise de parole. Cela revient en effet à se soumettre au regard et au jugement des autres, et peu de personnes sont capables d'assumer avec assurance cette prise de risque.

Pourtant, il est impératif de tenir des réunions, conférences publiques ou rencontres privées pour améliorer la qualité du travail du personnel et développer notamment ses affaires. La peur de prendre la parole en public constitue pour certaines personnes une véritable entrave à la vie professionnelle et sociale.

Qu'il s'agisse de cette peur ou d'une autre, soyez proactif et combattez-la avec les stratégies proposées dans ce livre. Mettez tout en place pour ne plus subir et ne plus perdre confiance en vous dans ces moments. C'est précisément ce que j'ai fait.

Dans mon enfance, j'étais un garçon vif et dynamique ; cependant j'avais souvent du mal à canaliser mon énergie. À cela s'ajoutait le fait que je n'ai pas eu la possibilité de trouver suffisamment ma place pour me construire au sein de la famille. Résultat, il m'arrivait souvent d'accrocher mes mots et même de bégayer en période de stress ou de fatigue. Parler devant les autres devenait tout un défi.

Quelle décision ai-je prise ? Quel sens ai-je donné à ce handicap ? J'ai pris cela comme un défi qu'il était de mon devoir d'affronter. Un bel entraînement aux obstacles de la vraie vie. Comme ma mère l'avait fait avant moi. Elle fut un exemple pour moi, notamment lorsqu'elle a su rebondir en créant sa propre entreprise et des emplois après la perte de son travail de salariée.

Moi aussi, j'étais résolu à soulever les montagnes : je serais moi aussi un gagnant, un joueur proactif. La suite, vous la connaissez : j'ai pris le taureau par les cornes et j'ai fait de la prise de parole, qui me terrifiait, mon métier ! C'est ainsi que pendant mes études j'ai augmenté peu à peu les défis en étant animateur de radio les fins de semaine, animateur en club de vacances, puis journaliste présentateur à la télévision, entrepreneur, coach et conférencier international.

Je prenais la parole en public plusieurs fois par semaine alors que les jeunes de mon âge se « frottaient » à l'exercice de style quelques fois par année.

Quel que soit le domaine où vous manquez de confiance, une fois l'expérience surmontée, tout comme moi à mes débuts, vous allez vous sentir non seulement soulagé, mais vous prendrez conscience de plus que ce n'était pas aussi terrible que vous pouviez l'imaginer. Ce qui semblait très pénible au départ avait engendré plus de stress que la situation ne le voulait réellement.

Tout dépend de la signification que vous donnez à l'événement et de votre détermination à reprendre le contrôle. Posez-vous en permanence cette question : *est-ce que je veux être un joueur ou un spectateur ?*

La meilleure façon de lutter contre un manque de confiance en soi, c'est par l'action. Choisissez le poste de joueur et gravissez peu à peu les barreaux de l'échelle pour atteindre le sommet de la réussite. Si vous ne savez pas par quel bout prendre le problème, tirez le premier bout qui vous vient dans les mains et improvisez la suite !

Chaque minute qui passe est une occasion de changer le cours de votre vie. Joignez le camp des joueurs.

Passez à l'action !

> *« L'inaction engendre le doute et la peur. L'action engendre la confiance et le courage. Si vous voulez vaincre la peur, ne restez pas à la maison à y réfléchir. Sortez et mettez-vous au travail. »*

— Dale Carnegie

Le courage et la confiance ne surgissent pas de nulle part par miracle en restant assis à méditer. Au contraire, plus vous pensez, plus la peur grossit en vous, plus la pression se renforce. Nous créons mentalement des scénarios effrayants, parce que la peur n'est rien de plus qu'une anticipation d'incident éventuel, pas encore survenu.

Comme vous avez pu le remarquer dans votre propre vie, **80 à 90 % de ce qui vous inquiète est construit, anticipé, imaginé**; vous vivez au présent comme si des difficultés imaginaires étaient là. Faites preuve d'audace !

La peur est souvent basée sur une interprétation erronée

Nous venons de le voir dans l'exemple de la prise de parole en public : quand vous ne prenez pas vos distances vis-à-vis de vos pensées, vous ne les contestez pas. Pourtant, rien ne vous interdit de les remettre en question et de les faire évoluer. **Vous pouvez réellement contrôler vos pensées.** Chaque fois qu'une pensée négative surgit, entraînant de la peur, vous pouvez stopper son élan, la modifier et, par votre questionnement, en extraire le potentiel positif. Vous en avez le pouvoir.

- Lorsque vous ressentez cette sensation de stress, appuyez mentalement sur le bouton « stop » de votre esprit, prenez la diapositive de la peur, cette image et ce sentiment qui vous paralysent, et jetez-la en l'air, comme si elle était vraiment entre vos mains. Puis lancez-vous !

Sortez de votre zone de connaissance

« La vie est une aventure audacieuse ou n'est rien. »

— Helen Keller

Pourquoi les gens se figent-ils, lorsqu'il s'agit d'affronter une situation qu'ils jugent déstabilisante ? Est-ce simplement que la peur les paralyse ? Pas uniquement. On dénote deux principales raisons.

Premièrement la notion de plaisir/douleur. La majorité des gens qui souffrent d'un manque de confiance en eux n'osent pas affronter leurs peurs. Ils ont bien souvent le sentiment que leur mutisme est plus sécurisant que l'action. En clair, ils associent plus de plaisir à ne pas s'exposer, à sortir de leur zone de connaissance qu'à vivre de nouvelles expériences.

Tous les êtres humains sont régis par ces deux forces : le plaisir et la douleur. Pensez-y. Votre éducation et vos expériences passées ont forgé vos croyances sur vous, les autres et la vie.

C'est ainsi que vous avez inconsciemment conditionné votre système nerveux à des situations qui devaient être associées à du plaisir et à d'autres connectées à de la douleur. Aller au club de gym, composer son alimentation de végétaux crus, vendre ses produits ou ses services, se confier aux autres, improviser ses vacances, ranger ses affaires : plaisir ou douleur ?

À chaque instant, notre cerveau met tout en place pour obtenir plus de plaisir et moins de douleur. Aller à l'encontre de cette tendance demande d'importants efforts, comme il faut de la persévérance pour implanter ce nouveau conditionnement psychologique.

Rappelez-vous ceci : il est impossible de supprimer une mauvaise habitude si vous l'associez à du plaisir. Si rester au bureau est plus confortable pour vous (plaisir) que de démarcher de nouveaux clients (douleur), il vous sera difficile de développer vos affaires.

Deuxièmement, l'effort sans récompense immédiate. Hormis cette notion de plaisir/ douleur, il y a cette frénésie de consommation qui nous pousse à tout vouloir tout de suite et facilement. La plupart des gens n'ont pas conscience qu'il n'y a aucun succès sans efforts et persévérance. La plupart n'ont pas la force de s'imposer une rigueur et une autodiscipline qui finira par payer. Il leur est impossible de résister à la frustration de l'attente de résultats immédiats.

Tout changement d'habitude de comportement demande du temps et souvent une forte volonté. Selon les dernières recherches sur toutes les grandes résolutions de début d'année, on retrouve la volonté de rester en forme, de perdre du poids, d'arrêter de fumer, de gagner plus d'argent et de faire évoluer sa carrière ; 71 % des gens maintiennent leur décision seulement 7 jours plus tard. Ils ne seront que 12 % à tenir leur résolution un an plus tard ! Si le fait de sortir de sa zone de connaissance est un prérequis pour augmenter sa confiance en soi, le plus complexe reste de mettre ce principe en application. Là encore, le coaching, le mentorat et un environnement positif seront vos meilleurs alliés, notamment dans les premières semaines. C'est en effet dans cette période que tout se joue.

Tel un grand paquebot qui prend la mer, ou un Airbus A380 qui décolle, c'est le départ qui nécessite une importante quantité d'énergie. La mise en mouvement et la sortie de l'inertie restent le vrai défi. Nous sommes au cœur du problème : la culture de l'effort. Voici comment la plupart des gens choisissent le statu quo au lieu du dépassement de soi. Peu importe s'ils vont devoir payer, ils choisissent la solution la plus confortable (rappelez-vous le « plaisir »). Ils cessent d'apprendre, ils jettent l'éponge pour ne pas éprouver la douleur du changement. Adieu les nouvelles expériences.

Vous voulez ressentir cette confiance illimitée en vous ? Augmentez vos résultats, remettez vos habitudes en question, et surtout ne prenez plus de décisions en fonction de la notion plaisir/douleur, mais plutôt en fonction des résultats que vous êtes en droit d'attendre.

Augmentez votre niveau de vie, votre bien-être, vos finances, vos relations et vos affaires. Ne cessez jamais d'enrichir votre esprit. Lisez plusieurs livres par année, participez à des séminaires, à des formations, écoutez des programmes audio ou Internet, sachez vous entourer de personnes positives. Sortez de votre zone de connaissance pour découvrir, progresser et augmenter chaque jour, par les résultats, votre confiance en vous.

Mais, comme le disait Helen Keller (1880-1968), auteure, conférencière et première personne handicapée de l'histoire à obtenir un diplôme universitaire – elle était aveugle, sourde et muette –, la sécurité est avant tout une superstition. Elle est créée dans votre esprit pour vous faire sentir en sécurité. En réalité, il n'y a pas de sécurité ; c'est seulement une situation et un lieu familiers, connus. On peut comparer la sécurité, le confort aux murs d'une maison qui protègent et rassurent ; mais ils retiennent également et posent des limites qu'il est plus difficile de franchir, car au-delà des balises, le doute, l'incertitude et l'inconnu dominent.

Il ne faut donc pas s'accrocher à cette illusion de sécurité en permanence. Vous avez en effet besoin de trouver un équilibre où l'incertitude n'est ni obsédante ni effrayante, mais un élément qui vous pousse à aller de l'avant.

Greg, un de mes clients, avait d'énormes potentialités. Son entreprise marchait plutôt bien dans un secteur en plein développement (la microtechnique spécialisée dans l'aéronautique), et il voulait lui donner plus d'expansion. Le marché international le tentait bien, mais une peur de l'inconnu le retenait. En lui faisant prendre conscience de l'inutilité de cette peur, de la nécessité de sortir de ses habitudes professionnelles, et en lui faisant voir ce projet comme un défi excitant, on a permis que le changement dans sa façon de penser s'effectue immédiatement.

- Vous n'êtes plus limité. Vous devez savoir que vous avez déterminé vos propres limites et que, dans une large mesure, il vous appartient de créer votre propre liberté d'action.

Soyez curieux !

Lorsque vous êtes cloué par votre peur, vous créez des obstacles entre le reste du monde et vous. La curiosité est porteuse d'enthousiasme. Elle vous ouvre à l'univers. Ouvert et enthousiaste, vous faites d'intéressantes découvertes sur lesquelles il est plus utile de vous concentrer que d'entretenir votre peur. Les émotions négatives que l'on ressent résultent souvent d'une crispation de notre esprit.

- Changez l'objet de votre attention, lâchez prise, et vous serez surpris de voir vos émotions se transformer au sujet de ce blocage qui vous hantait.

Comment cultiver la curiosité ? En vous rappelant combien vos expériences ont pu être positives et agréables dans le passé, lorsque vous avez exploré autour de vous et que vous avez fait toutes sortes de découvertes passionnantes… La curiosité est une habitude. Plus vous êtes curieux, plus vous le devenez. Et au fil du temps, cela devient spontané. La curiosité est une manière très efficace de dédramatiser vos peurs et vos blocages.

C. Pensez positif

Savez-vous que les pensées positives ou négatives sont des formes d'énergie ? Elles circulent dans votre corps et sont libérées au moyen de vos expressions, de vos gestes et de vos actions.

Deux de mes clients m'ont raconté cette expérience au cours d'un atelier visant à définir leur profil professionnel.

Il y a quelques années, Lucie postule pour un nouvel emploi, mais son estime de soi est faible. Elle en est même venue à se considérer comme indigne de succès, car convaincue qu'elle n'allait pas réussir à accomplir le travail proposé. Elle a une attitude négative envers elle-même et croit que les autres candidats sont meilleurs et plus qualifiés qu'elle. Elle manifeste cette attitude, en raison de ses expériences négatives au cours de précédents entretiens d'embauche.

Son esprit est hanté par des pensées négatives et des craintes relatives à l'emploi qu'elle va postuler. Elle est certaine qu'on va rejeter sa candidature. Le jour de l'entrevue, elle découvre que la veste qu'elle a prévu de porter est sale. Comme il est déjà trop tard pour la faire nettoyer, elle l'endosse quand même. Au cours de l'entretien, elle est tendue, fait preuve d'une attitude négative, et est préoccupée par sa veste tachée.

De plus, elle a des crampes à l'estomac, car ce matin-là, elle n'a pas pris son petit-déjeuner à cause du stress. Elle a donc faim. Tout cela occupe son esprit et elle a du mal à se concentrer sur son entrevue.

De fait, son comportement général, matérialisant sa peur, a fait mauvaise impression, et Lucie n'a pas obtenu l'emploi. Hugo se porte candidat pour le même emploi, mais en abordant la question d'une manière différente. Il est sûr qu'il correspond parfaitement aux critères d'emploi. Au cours de la semaine précédant l'entretien, il se voit tout simplement le mener avec succès et obtenir le poste.

La soirée précédente, il prépare les vêtements qu'il va porter, puis se couche un peu plus tôt que d'habitude. Le jour J, il se réveille de bonne heure, ce qui lui laisse le temps de prendre un bon petit-déjeuner nourrissant et d'arriver avec un peu d'avance à son rendez-vous, l'esprit tranquille. Hugo a obtenu le poste ; tout comme Lucie, il possédait les qualités requises. Mais c'est surtout grâce à son attitude qu'il a su faire une bonne impression.

Analysons ce que nous devons apprendre de ces deux histoires. Observons-nous l'utilisation d'une quelconque formule magique dans la deuxième ? Eh bien non ! Lorsque l'attitude est positive, nous entretenons des sensations agréables et des images constructives ; en visualisant dans notre esprit ce que nous voulons vraiment obtenir, le succès est le plus souvent au rendez-vous. Un esprit positif apporte de l'harmonie, plus d'éclat, d'énergie et de bonheur.

C'est tout l'être qui rayonne de bonne volonté, de bonheur et de succès. Même la santé est stimulée. Nous marchons la tête haute et la voix est plus puissante. Notre langage corporel montre ce que nous ressentons à l'intérieur.

« Vous êtes ce que vous pensez.

Vous vous sentez ce que vous voulez. »

— Auteur anonyme

Les sentiments, les croyances et les connaissances sont fondés sur la pensée consciente et inconsciente. Il est possible de les contrôler et d'agir. Il vous appartient d'être positif ou négatif, enthousiaste ou sceptique, actif ou passif, gagnant ou perdant. Combien de personnes savent qu'elles peuvent vraiment influencer leur mental ? Très peu...

Seuls quelques « élus », dont vous faites partie désormais, savent qu'eux seuls peuvent gérer et contrôler leur état d'esprit.

C'est au cours de nos relations avec nos proches et autrui, que se développent des habitudes de comportement et de pensée. L'image de soi et la représentation du monde se bâtissent ainsi. Ces attitudes sont entretenues par les conversations intérieures que nous avons constamment avec nous-mêmes, consciemment et inconsciemment.

- La première étape pour faire évoluer nos attitudes est d'intégrer des messages positifs dans nos conversations intérieures.

Que faire et que dire ?

• Voyez le bon côté du miroir

Faites-vous un commentaire positif, sur votre apprentissage, le travail, la famille, les amis, la nature... Félicitez-vous chaque jour. Rêvez de succès. Soyez enthousiaste. Toutes les potentialités, peu importe votre situation, vous habitent.

Prenez Steven Spielberg : il obtenait des notes si médiocres qu'il n'a eu accès à aucune école de cinéma importante. Et puis Albert Einstein, que l'on avait évalué comme un élève déficient. À neuf ans, il parlait en bafouillant.

Il rata d'abord son examen d'entrée à l'Institut Fédéral Suisse de Zurich. Aujourd'hui, il est considéré comme un génie qui a révolutionné la physique.

• Gardez le contrôle

Gardez votre esprit concentré sur des éléments importants. Fixez-vous des objectifs et des priorités. Visualisez et mettez en pratique vos actions. Élaborez une stratégie pour faire face aux problèmes. Apprenez à vous détendre, à lâcher prise. Soyez honnête avec vous-même.

• Le défi

Soyez courageux et progressez chaque jour. Faites de votre mieux et ne regardez pas en arrière. Envisagez l'apprentissage et le changement comme des opportunités. Essayez de nouvelles choses. Tentez de nouvelles expériences. Soyez optimiste.

La recherche montre que «les gens qui modifient leur conversation intérieure engendrent une amélioration immédiate de leurs performances. Leur énergie augmente et les choses semblent aller mieux». Tel est le résultat d'une expérience menée par le Behaviour Research Institute.

Pratiquez la pensée positive

Je me suis longtemps demandé si la répétition pour soi de phrases ou de mantras pouvait avoir un réel impact sur la façon de penser, de voir les choses et de passer à l'action, jusqu'au jour où je me suis retrouvé au cœur du village de Fantasyland, à Disney World en Floride !

Si vous y êtes allé, vous connaissez sûrement cette promenade en bateau au cours de laquelle on voit des centaines de poupées animées qui représentent les habitants de plusieurs pays.

Si tel est le cas, vous avez forcément entendu la mélodie qui l'accompagne. Croyez-le ou non, pendant trois semaines, ce refrain est resté ancré dans ma tête… C'est bien la preuve que la répétition de phrases rend ces dernières véritables, ce qui a été clairement démontré par les recherches récentes en neurosciences appliquées au marketing.

Oui, la pratique de la pensée positive fonctionne, à condition de répéter des phrases avec lesquelles vous êtes pleinement d'accord. Si votre jardin est envahi de mauvaises herbes et que vous répétez que c'est le plus beau des parcs, vous allez vous heurter tôt ou tard à la réalité ; la pensée positive n'agit pas comme un herbicide !

Dans votre programme, vous avez déjà dressé une liste de pensées positives, et chaque défi commence par l'une d'elles.

Posez-vous les bonnes questions

Quelle est la personne qui vous parle et vous influence le plus chaque jour ? Avez-vous une petite idée ? Évidemment, c'est vous ! Sans nous en rendre compte, nous nous parlons chaque jour. À chaque minute qui passe, notre cerveau traite de multiples questions. Et devinez le plus intéressant ! En connaissant ce principe, nous pouvons le tourner à notre avantage.

Le cerveau fonctionne sur le mode des questions. En ce moment même, pensez-y, vous fonctionnez encore sur le mode des questions en lisant ces lignes. Chaque fois que vous vous posez une question à voix haute ou à voix basse, votre cerveau cherche et trouve des réponses.

Si vous ne connaissez pas ce mécanisme, vous aurez tendance à vous auto-saboter sans le savoir en vous laissant parasiter par des questions inutiles. Par exemple : *Pourquoi suis-je aussi imbécile ?*

Votre cerveau vous trouve alors toutes les raisons pour lesquelles vous êtes nul. En clair, il dirige votre attention sur vos points faibles. Alors qu'une personne pleine d'assurance saura tirer profit d'une expérience douloureuse en se demandant, par exemple : *comment puis-je éviter cette situation ?*, ou *comment faire différemment la prochaine fois ?* Prenez garde à vos questions internes.

- La qualité de votre vie dépend de la qualité des questions que vous vous posez.

5 PLANIFICATION ET PROGRAMMATION

ORGANISEZ VOTRE PROGRESSION

CHAPITRE 5

Planification et programmation

PROGRAMMEZ VOTRE RÉUSSITE

Redonnez du sens à l'échec

L'échec est la voie de la réussite quand on parvient à en comprendre le sens. Tous les apprentissages sont basés sur l'essai et l'erreur ; si vous ne vous trompez jamais, vous n'apprenez rien. Mais l'échec est une expérience désagréable et fait peur à beaucoup, si bien que l'idée d'échouer paralyse les motivations. Mais, si vous observez le paysage mental des gens qui ont réussi dans le domaine sportif, la finance, la publicité ou la vie amoureuse, vous constatez qu'ils sont capables de donner du sens à leurs échecs et de s'appuyer sur ceux-ci pour mieux avancer.

Une histoire qui inspire

Stephen Hawking est l'un des physiciens et cosmologistes les plus brillants au monde.

Il est surtout connu pour ses recherches sur les trous noirs dans l'espace.

Auteur de plusieurs ouvrages à succès et professeur durant de nombreuses années à Oxford, cet Anglais incarne pour moi la confiance en soi, l'amour de la vie et la persévérance.

Sa renommée médiatique vient aussi du fait que cet homme a accompli ses incroyables recherches et projets alors qu'il souffre d'une terrible maladie, la maladie de Charcot. Elle provoque une paralysie complète du corps et accélère souvent l'arrivée de la mort.

D'aucuns penseront que cet homme qui a toujours connu cette situation s'est finalement accommodé de son état, n'ayant pas connu autre chose. Mais c'est faux. Jusqu'à l'âge de 20 ans, Stephen était un brillant étudiant à Cambridge. Un jeune homme normal et plein de vie. Espérant tout de la vie. Alors qu'il préparait son doctorat, c'est à 21 ans que la maladie le frappe de plein fouet. Le coup porté est dur. En apprenant que sa maladie est incurable, évolutive et mortelle, il plonge dans la déprime pendant plusieurs semaines. Mais Stephen est plus fort que tout. Il se reprend. La stratégie de la complainte n'est pas la bonne direction pour faire la différence et vivre le reste de sa vie. Il inverse le processus plaisir/douleur dont je vous parlais précédemment. C'est ainsi qu'il reprend confiance en lui. Il a la capacité de relever ce défi. Il est chercheur et il trouvera bien un moyen de vivre son destin avec ce handicap.

L'avenir lui donne raison puisqu'il va commencer par tomber amoureux. Il se marie un an plus tard en 1965 avec Jane Wilde. Sa carrière elle aussi se développe et très vite, Stephen s'impose comme une sommité mondiale dans son domaine. Toutefois la maladie ne lui laisse aucun répit. Très vite il ne peut plus se nourrir seul. Mais sa confiance en lui n'est pas pour autant atteinte. Comme si la vie voulait tester sa résistance, un autre coup dur le touche personnellement : il devra se séparer de sa femme Jane qui lui a donné trois enfants. Stephen tient le cap et se réfugie dans sa passion : l'étude de l'espace.

Quelques années plus tard, sa confiance et sa persévérance payent. Il trouvera de nouveau l'amour et se mariera avec son infirmière. En 2004, sont publiés des comptes rendus de plusieurs procès-verbaux impliquant sa deuxième femme dans des affaires de maltraitance à son égard. Octobre 2006, Stephen demande le divorce.

Il est de nouveau seul. Sans jamais baisser les bras, il poursuit ses recherches, choisit d'augmenter sa contribution en offrant des cours aux étudiants d'Oxford.

Auteur de 10 livres, lauréat ou récipiendaire de 11 distinctions pour sa contribution à l'humanité, père de 3 enfants, chercheur international émérite, professeur : Stephen Hawking est selon moi l'illustration du pouvoir de la confiance en soi.

Stephen n'a jamais laissé les tracas de la vie assombrir son quotidien, pour mieux se concentrer sur ses priorités de vie.

Stephen a su reconditionner son système nerveux central plaisir/douleur pour vivre à 110 % sa vie de grand leader.

Aurait-il eu plusieurs fois l'occasion de baisser les bras et de donner un tout autre sens aux événements qui ont ponctué son parcours ? Oui, bien évidemment, mais Stephen avait confiance en lui et en la vie.

Rappelez-vous que le pouvoir premier de l'être humain reste la décision. Stephen a décidé d'interpréter en toute confiance les événements qu'il a dû affronter les uns après les autres. Stephen est devenu le plus grand chercheur au monde dans son domaine.

- Retenez bien ceci : toute la différence entre les gagnants et les perdants réside bien là : les uns persévèrent, se relèvent après une chute et recommencent en changeant de stratégie pour parvenir à leurs fins. Walt Disney a pris plus de 300 rendez-vous avec des banquiers avant d'obtenir le financement nécessaire pour son premier parc d'attractions en Californie. A-t-il été persévérant et déraisonnable pour obtenir ce qu'il voulait ? Oui, bien entendu. Et vous, combien de rendez-vous auriez-vous acceptés avant de baisser les bras ? Combien vous aurait-il fallu pour redevenir bien raisonnable ?

L'échec est certes une blessure pour votre orgueil, mais vous pouvez en réduire l'impact émotionnel si vous le comprenez comme un moyen simple de vous améliorer, comme un apprentissage.

En redéfinissant l'échec de cette façon, vous gagnez en assurance.

L'erreur n'est pas de tomber ; l'erreur, c'est de ne pas se relever rapidement.

Je fais partie de ceux qui pensent que l'action est toujours source d'apprentissage. Que l'action génère du plaisir ou de la douleur, elle est toujours une expérience. Bougez, et c'est ainsi que vous allez augmenter chaque jour votre confiance en vous ! Encore une fois, l'erreur, ce n'est pas de tomber, mais de ne pas se relever.

Se donner un but

Dans mes séminaires et conférences, je fais une différence entre les mots *objectif* et **but**. Pourquoi ? La principale erreur de progression que font 97 % des gens apparaît à la source du questionnement. La plupart des gens se fixent en effet trop souvent des *objectifs* imprécis : « Je veux plus d'argent, je veux plus de clients, je veux de meilleures équipes, je veux de meilleurs marchés, je veux être heureux. »

C'est un début, mais ce n'est pas suffisant, car cela manque de précision. En effet, quand saurez-vous que vous êtes heureux, confiant ou charismatique ? Les objectifs sont généraux et demandent à être définis et précisés.

Plusieurs leaders progressent en se donnant des buts

Ils obtiennent ce qu'ils souhaitent, mais n'en tirent pas toujours profit. Beaucoup de gens se rendent malheureux en restant constamment insatisfaits. Pire encore, beaucoup ne voient même pas le chemin parcouru.

L'une des clés pour augmenter son leadership et sa confiance en soi, c'est de savoir célébrer ses victoires, et chaque petit progrès est une victoire. Pour choisir la voie de la progression, je vous recommande d'ajouter de la stratégie et surtout de vous engager à atteindre des *buts*. Pourquoi ? Parce que les *buts* sont précis, quantifiables et mesurables.

Le plus difficile pour obtenir ce que nous voulons, c'est de savoir exactement ce que nous voulons. Voilà pourquoi l'un des meilleurs moyens pour clarifier ce que vous voulez est de vous fixer des buts.

Alors que vous les accomplissez, vous pouvez constamment réévaluer si oui ou non le chemin que vous avez choisi est celui que vous souhaitiez poursuivre. Avez-vous remarqué que lorsque vous vous fixez un *but*, comme de faire une acquisition ou un beau voyage, cela se manifeste plus rapidement ?

Votre subconscient s'assure qu'il vous conduit directement au but perçu. Il faut bien sûr une formulation plus précise : « Gagner de l'argent » doit être traduit, pour être efficace, par « accroître mon chiffre d'affaires de 5 % » ou « obtenir une grosse prime de fin d'année ».

Se fixer des buts est la clé pour ouvrir la porte à la motivation. Il peut être bon de vous réunir avec d'autres amis qui ont opéré des changements dans leur vie et qui poursuivent les mêmes buts que vous. J'aborde en détail ce point dans nos autres programmes d'autocoaching. Lorsque vous éprouverez un problème (et cela arrivera encore de nombreuses fois dans les prochaines années), un groupe de soutien est un moyen efficace de vous aider à traverser avec succès les moments difficiles.

« La plupart des gens meurent à vingt ans et sont enterrés à quatre-vingts ans. »

— Auteur anonyme

Êtes-vous un de ces « morts-vivants » ?
Que souhaitez-vous vraiment dans la vie ?

Certaines personnes n'arrivent pas à répondre à cette question. Si on leur demande ce qu'elles veulent ou quels sont leurs buts dans la vie, elles hésitent. Ces personnes sont tellement absorbées par leur vie quotidienne qu'elles ne réfléchissent pratiquement jamais à ce qu'elles veulent faire de leur vie. Celles qui n'établissent pas de buts clairs et précis se privent des moyens de réaliser leurs aspirations profondes.

Êtes-vous de ces personnes-là ?

Pour savoir ce que vous voulez vraiment, vous devez regarder au plus profond de vous-même. Il s'agit de vous reconnecter avec votre propre moi, c'est-à-dire le vrai vous, authentique.

- **Écoutez votre cœur pour pouvoir écouter votre vrai moi.** Ce que dit votre cœur est généralement juste, car il exprime votre ressenti le plus profond. À partir de là, vous allez pouvoir déterminer vos vrais buts, vos passions.

Rappelez-vous Susan Boyle. Cette Écossaise a ébloui le monde par son talent de chanteuse en 2009 à l'émission *Britain's Got Talent*. Et pourtant, cette femme, à plus de 40 ans, affligée du syndrome d'Asperger (une forme d'autisme), n'avait jamais embrassé un homme de sa vie et n'était jamais sortie de son village perdu d'Écosse, vivant en recluse et sans emploi. Sa mère ne l'avait jamais encouragée. Toutefois, elle cultivait en secret ce précieux talent qu'elle gardait pour elle seule : le chant. « J'ai toujours voulu me produire devant un grand public », a-t-elle affirmé.

Et puis, en dépit de son allure, des moqueries, des brimades et de son manque de confiance, elle s'est présentée devant un jury qui a été conquis dès les premières mesures de sa chanson, tout comme le public. Elle a été applaudie à tout rompre et vue par la planète en quelques minutes en 2009 grâce à Internet et notamment sur YouTube avec 143 millions de visionnements !

Susan Boyle a fait une chose qui a changé sa vie : elle a écouté sa passion, l'énergie vitale qui lui permettait de vivre.

En l'occurrence, le chant est la passion qui lui a ouvert les portes du succès. La passion nous permet de résister, de tenir, de ne pas voir passer les heures. Comme je le dis souvent en conférence, « quand vous voulez abandonner, rappelez-vous pourquoi vous vous êtes engagé » et la passion va vous y aider.

Et vous, quelle est votre passion ?

À cette question, on me répond souvent : « Une passion ? Euh… mais je n'en ai pas ! » Bien sûr que vous en avez une. Une passion c'est ce qui, par exemple, vous fait oublier l'heure qui passe quand vous la pratiquez.

Si je prends mon exemple, tout jeune j'ai très vite eu la passion de l'être humain. J'étais attiré par les autres, par les échanges que j'avais avec eux. Voilà comment je suis devenu présentateur journaliste en télévision, et en parallèle président de deux entreprises, l'une dans la production audiovisuelle et l'autre en formation. J'avais soif de rencontres, de contribution et d'apprentissage et durant mes fins de semaine, je consacrais du temps aux autres en tant que pompier volontaire. J'avais aussi trouvé le temps de fonder une association humanitaire. Voilà comment cette même passion m'a conduit à la création d'une entreprise spécialisée dans les stratégies de développement personnel et professionnel.

Avec du recul, j'ai compris que tous mes choix se tournaient vers l'échange, l'accompagnement et la relation d'aide. Lorsque je suis sur scène de 9 h à 23 h durant mes séminaires intensifs, je ne vois pas le temps passer. Je me sens utile. Je suis au cœur de ma raison d'être et cela me nourrit.

Et vous ? Quelles sont les activités qui vous donnent le plus de confiance en vous, celles qui révèlent votre leadership ?

Qu'est-ce qui vous donne le sentiment de progresser, d'avancer, d'être en vie ?

- Faites le point et faites votre choix ; il s'agit à présent de votre vie, plus de celle qui vous a été imposée par papa ou maman quand vous aviez cinq ans.

Nous écoutons souvent trop ce que disent les autres et notamment les briseurs de rêves, et nous les laissons diriger nos vies, car leurs conseils sont souvent pavés de bonnes intentions. Mais ils bloquent inconsciemment notre authenticité.

Les critiques qui viennent de notre entourage peuvent aussi être décourageantes. Alors, avant de les écouter, posez-vous les questions suivantes : *Ont-ils réalisé leurs rêves ? Ont-ils de grands rêves ? Ne les vivent-ils pas à travers vous ?*

Une des raisons pour lesquelles on évite de se donner un but, c'est que cette démarche crée une certaine anxiété, en nous obligeant à remettre en cause ce que l'on a fait auparavant. Pour se sécuriser, il y a des pièges à éviter ; notamment, se donner des buts trop complexes ou inaccessibles.

Parmi les buts non mesurables, peut-être voulez-vous devenir un meilleur gestionnaire, par exemple. Bien, mais alors, comment saurez-vous que vous avez atteint votre but ? Le défi continuel d'être un meilleur gestionnaire va vous épuiser, et votre culpabilité ne va pas disparaître d'un coup de baguette magique pour autant.

À la place, prenez le temps de penser à ce qui est réellement important pour vous et pour vos équipes. Cela doit être formulé avec précision. Par exemple, organisez une réunion à la fin de la semaine tous ensemble pour faire le point ou fixer des échéances. Impliquez vos équipes dans la prévision de cette réunion afin qu'elles puissent échanger sur les enjeux.

- Se fixer des buts, c'est une démarche, un exercice qui ne regarde que soi; on ne le fait pas pour plaire aux autres. Enfin, parvenir à un but peut demander du temps. Rendez-le donc ludique, agréable et plein de sens!

SECONDE PARTIE

VOS 21 DÉFIS DE CONFIANCE ILLIMITÉE

VOS 21 DÉFIS

Après avoir mieux compris les mécanismes de la confiance en soi et surtout les restrictions que nous nous imposons à nous-même, passons à l'action !

Pour bien amorcer cette partie qui vous invite à relever 21 défis pertinents, je vous demande de vous procurer un cahier ou plusieurs feuilles de papier sur lesquelles vous serez invité à faire certains exercices et à répondre aux questions que je vais vous poser.

Commençons donc par votre engagement. Un contrat que vous acceptez de remplir dans votre cahier et qui fait partie de l'ensemble du processus de confiance illimitée. Transcrivez d'abord ce contrat dans votre cahier. N'oubliez pas, tout commence par une décision ferme. Ce contrat entre vous et vous va vous permettre de prendre davantage conscience de votre engagement.

VOTRE PROGRAMME D'ENTRAÎNEMENT PERSONNEL

Votre contrat d'engagement

Je soussigné, (*votre nom*), m'engage formellement à suivre avec assiduité' mon programme d'entraînement personnel. Cet engagement implique que je n'accepterai plus de m'abandonner à une force ou une volonté extérieure à moi, que je m'engage à ne plus remettre mes décisions à plus tard par peur de déplaire ou de me tromper. Je m'engage également à cesser de trouver des excuses ou à chercher à me justifier pour rester largement en dessous de mes possibilités.

J'ai compris que les résultats de mon entraînement n'appartiennent qu'à moi et dépendent de mon implication. Je m'engage donc formellement à relever les 21 défis de mon programme.

Fait à (*indiquez dans votre cahier où vous êtes et la date à laquelle vous vous engagez à relever ces défis*). Et finalement, prenez soin d'apposer votre signature au bas de votre contrat d'engagement pour officialiser votre démarche.

Signature

DÉFI N° 1 : J'ÉVALUE MES POINTS DE DÉPART (PREMIÈRE PARTIE)

Je choisis ma pensée positive du jour

Allez aux pages 222-224 pour des pensées positives. Choisissez celle qui vous inspire aujourd'hui et répétez-la souvent dans la journée. Ensuite, notez-la puis inscrivez sur une feuille de cahier trois actions que vous allez entreprendre pour concrétiser cette pensée.

1…

2…

3…

Évaluation de mes points de départ

C'est votre premier défi, prenez un peu de temps et consultez les listes n° 1 (signes d'une bonne estime de soi, pages 203-204) et n° 2 (signes d'une faible estime de soi, pages 204-205), installez-vous confortablement là où vous ne serez pas dérangé, puis suivez les instructions. Bien connaître ses points de départ est une assurance d'arriver à bonne destination.

Établissez un modèle de grille dans votre cahier, comme celui qui suit, et reportez vos résultats sur cette grille afin d'établir votre marge de progression.

Si vous avez obtenu 6/10 en estime de soi, votre marge de progression est de 4/10 (marge de progression = 10, votre score ; l'idéal est d'avoir 10/10). Si vous avez obtenu 6/10 en manque d'estime de soi, votre marge de progression est aussi de 6/10 (marge de progression = votre score, l'idéal est d'avoir 0/10).

Mes résultats	Estime de soi	Manque d'estime de soi
Date / /		
Scores		
Progression en points	/10	

Améliorez votre estime de soi, grâce à un exercice simple :

1. Regardez-vous dans la glace, souriez.

2. Pensez à une action que vous savez exécuter parfaitement.

3. Attribuez-vous des félicitations pour cette compétence.

4. Pensez à quelqu'un de votre entourage qui ne possède pas cette compétence.

5. Apportez-lui mentalement une aide pour progresser.

**Maintenant, reprenez votre cahier
et inscrivez-y ce que vous avez appris.**

DÉFI N° 2 : J'ÉVALUE MES POINTS DE DÉPART (DEUXIÈME PARTIE)

Je choisis ma pensée positive du jour et je l'inscris dans mon cahier.

Allez aux pages des pensées positives (222-224), choisissez celle qui vous inspire aujourd'hui et répétez-la souvent dans la journée, puis inscrivez sur une feuille de cahier trois actions que vous allez entreprendre pour concrétiser cette pensée.

1...

2...

3...

Faites maintenant le test n° 1 :

Évaluez votre niveau de confiance et d'estime de soi

Vous devrez refaire ce test quand vous aurez relevé vos **21 défis**.

Reproduisez le modèle de grille suivant dans votre cahier et notez-y votre score.

Test n° 1	Score 1	Score 2
Date / /		
Scores		
Progression en points	/10	

Inscrivez dans votre cahier vos trois meilleurs scores.

Inscrivez également vos trois scores les plus faibles.

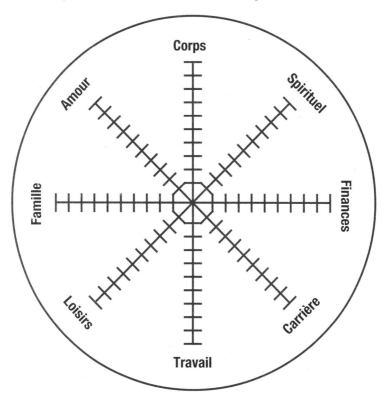

Dessinez dans votre cahier une roue avec les aspects susnommés de votre vie et reportez-y vos résultats.

Toujours dans votre cahier, faites l'exercice suivant :

Pensez à quelqu'un que vous considérez comme confiant, plein d'assurance et **notez les trois ressemblances positives** que vous aimeriez partager avec cette personne.

Indiquez ensuite ce que vous avez appris.

Puis passez au troisième défi.

DÉFI N° 3 : JE ME DONNE DES OBJECTIFS DE PROGRESSION

Je choisis ma pensée positive du jour et je l'inscris dans mon cahier

Allez aux pages 222-224, choisissez la pensée positive qui vous inspire et répétez-la souvent dans la journée, puis inscrivez sur une feuille de cahier trois actions que vous allez entreprendre pour concrétiser cette pensée.

Mes buts :

But 1 — Les cinq qualités de leader que je veux développer en moi. Inscrivez-les aussi, tout comme pour l'objectif 2.

But — Les cinq aspects de ma vie que je veux améliorer

> J'examine un à un ces buts et je les visualise mentalement.

> Je travaille ma représentation mentale de ces objectifs jusqu'à rendre l'image irrésistiblement attirante dans mon esprit.

> Je mémorise au moins une de ces images.

Toujours dans votre cahier, faites l'exercice suivant :

But — Les cinq qualités de leader que je veux développer

Pour préciser mes buts de progression, je choisis parmi mes réponses précédentes les trois plus importantes, puis je réponds aux questions ci-après dans mon cahier :

1. Comment saurai-je que j'ai atteint mon objectif ?

2. Comment les autres s'en rendront-ils compte ?

But — Les cinq aspects de ma vie que je veux améliorer

Pour préciser mes objectifs de progression, je choisis parmi mes réponses les trois plus importantes et je réponds aux questions ci-après dans mon cahier :

1. Qu'est-ce qui pourrait m'empêcher d'atteindre ce but ?

2. Qu'est-ce que j'ai à gagner et à perdre (peut-être) en atteignant ce but ?

Inscrivez ensuite ce que vous avez appris dans votre cahier.

DÉFI N° 4 : JE ME DONNE DES RESSOURCES POUR LES ATTEINDRE

Je choisis ma pensée positive du jour et je l'inscris dans mon cahier

Allez aux pages 222-224, choisissez la pensée positive qui vous inspire aujourd'hui et répétez-la souvent dans la journée, puis inscrivez sur une feuille de cahier trois actions que vous allez entreprendre pour concrétiser cette pensée.

Je me donne des ressources pour atteindre mes buts

Dans votre cahier, faites l'exercice suivant :

Citez cinq choses positives que les autres disent de vous

Citez cinq choses positives que vous dites à propos des gens en qui vous avez confiance

Citez les cinq reproches que les autres vous font

Citez les cinq reproches que vous faites le plus souvent aux autres

Relisez vos réponses et **choisissez la meilleure des quatre** pour chaque groupe de cinq réponses ; reportez cela dans le tableau que vous reproduirez dans votre cahier.

Catégories

Ce que je préfère que
les autres disent de moi

Le meilleur compliment
pour ceux à qui
je fais confiance

Le pire reproche
que l'on me fait

Le pire reproche
que je fais aux autres

Inscrivez ce que vous avez appris, toujours dans votre cahier.

DÉFI N° 5 : JE FORMULE CLAIREMENT MES DIFFICULTÉS

Je choisis ma pensée positive du jour et je l'inscris dans mon cahier

Allez aux pages 222-224, choisissez la pensée positive qui vous inspire aujourd'hui et répétez-la souvent dans la journée, puis inscrivez sur une feuille de cahier trois actions que vous allez entreprendre pour concrétiser cette pensée.

Les situations qui me font perdre confiance ou me mettent mal à l'aise

Vous le savez, compétence et confiance sont indissociables. Quand vous vous sentez compétent, cela augmente votre assurance. Quand vous vous sentez incompétent, cela accroît la peur et diminue votre confiance. Votre défi consiste à examiner de près ces situations qui menacent votre confiance.

J'en décris cinq avec précision, en notant dans mon cahier les détails (action en cours, personnes impliquées, enjeux, etc.) :

Relisez attentivement vos réponses, et **choisissez les trois plus importantes,** par la fréquence et l'impact. Ensuite, décidez si l'enjeu de ces situations est plutôt relationnel (difficulté avec autrui), personnel (peur de ne pas être à la hauteur) ou matériel (risque de perdre des avantages ou de l'argent).

Situation   **Relationnel**

Personnel   **Matériel**

Situation	Relationnel	Personnel	Matériel

Classez les éléments positifs selon leur efficacité

Notez ce que vous avez appris dans votre cahier.

DÉFI N° 6 : J'EXPLORE MON DIALOGUE INTÉRIEUR

Je choisis ma pensée positive du jour et je l'inscris dans mon cahier

Allez aux pages 222-224, choisissez la pensée positive qui vous inspire aujourd'hui et répétez-la souvent dans la journée, puis inscrivez sur une feuille de cahier trois actions que vous allez entreprendre pour concrétiser cette pensée.

J'explore mon dialogue intérieur

Votre sixième défi consiste à repérer les failles dans votre monologue intérieur.

Consultez la liste 3 aux pages 205-206 et relevez les phrases négatives qui présentent des ressemblances avec celles que vous vous dites le plus souvent.

Dans le tableau ci-dessous, reportez les **cinq phrases négatives** les plus fréquentes dans la colonne de gauche, et les réponses positives dans la colonne de droite.

Situation	Relationnel
Tu ne vas pas y arriver	Avec une bonne préparation, je vais y arriver

Reprenez les réponses positives, choisissez les trois que vous préférez et pour chacune, établissez dans quelle circonstance elle vous sera utile.

Par exemple : « Avec une bonne préparation, je vais y arriver » peut vous aider avant une épreuve, quand vous devez animer une réunion, une conférence…

Classez les éléments positifs selon leur efficacité (au moins cinq)

Toujours dans votre cahier, inscrivez ce que vous avez appris.

DÉFI N° 7 : JE REPÈRE LES SITUATIONS OÙ JE SUIS PLEIN D'ASSURANCE

Je choisis ma pensée positive du jour et je l'inscris dans mon cahier

Allez aux pages 222-224, choisissez la pensée positive qui vous inspire aujourd'hui et répétez-la souvent dans la journée, puis inscrivez sur une feuille de cahier trois actions que vous allez entreprendre pour concrétiser cette pensée.

Les situations où je suis plein d'assurance :

Votre septième défi consiste à repérer **cinq situations** où **vous vous sentez parfaitement confiant, plein d'assurance sereine.**

Décrivez chaque situation (au moins cinq) avec précision (lieu, personnes, enjeu). Exemple : « Quand je vais à la pêche avec mes enfants, c'est le calme, la nature, la paix et la vie familiale. »

À présent, pour chacune de ces situations, indiquez **ce qui pourrait vous déstabiliser.** Exemple : « Quand je suis à la pêche avec mes enfants et que je dois rester disponible, parce qu'on peut me joindre (par téléphone), à cause d'un client important. »

Et maintenant, décrivez **ce qui pourrait vous aider à garder votre stabilité.**

Exemple : « Quand je suis à la pêche avec mes enfants et qu'on peut me joindre (par téléphone) à cause d'un client important, je sais que je ne suis pas obligé de répondre immédiatement si on m'appelle. »

Reproduisez le tableau ci-après dans votre cahier et complétez-le avec vos résultats

Contexte	Éléments négatifs	Éléments positifs

Classez les éléments positifs selon leur efficacité (notez-en au moins cinq dans votre cahier)

Inscrivez aussi ce que vous avez appris.

DÉFI N° 8 : JE ME POSE LES BONNES QUESTIONS

Je choisis ma pensée positive du jour et je l'inscris dans mon cahier

Allez aux pages 222-224, choisissez la pensée positive qui vous inspire aujourd'hui et répétez-la souvent dans la journée, puis inscrivez sur une feuille de cahier trois actions que vous allez entreprendre pour concrétiser cette pensée.

Se poser les bonnes questions

Votre huitième défi consiste à vous poser les bonnes questions, celles qui vont vous permettre de **prendre les bonnes décisions** et de **renforcer votre confiance.**

Voici à titre d'exemple **trois situations/problèmes types,** et nous vous proposons un jeu de questions essentielles pour trouver des solutions.

Toujours dans votre cahier, répondez aux questions des trois situations problèmes qui suivent :

Situation problématique n° 1 : un de vos collaborateurs, partenaires, camarades ou associés, à qui vous tenez vraiment, ne tient aucun compte de vos directives, et si vous manifestez votre mécontentement, il joue les victimes et sabote votre image auprès des autres.

> Quel est le but réel de cette personne ?

> Qu'ai-je à gagner à entrer dans son jeu ?

> Qu'ai-je à craindre si je décide de me passer d'elle ?

Situation problématique n° 2 : vous êtes amoureux d'une personne que vous côtoyez souvent ; elle est très convoitée par d'autres, et l'idée de lui parler vous terrifie.

> Que redoutez-vous le plus ?

> Avez-vous une stratégie ?

> Avez-vous un plan B ?

Situation problématique n° 3 : vous avez dirigé un dossier professionnel important ; au moment de présenter les résultats, vous êtes inquiet, car vous allez devoir aborder des sujets révélateurs de mauvaise gestion.

> Que voulez-vous leur dire précisément ?

> En quoi est-ce vraiment important ?

> Qu'avez-vous à perdre dans cette opération ?

Inscrivez aussi ce que vous y avez appris.

DÉFI N° 9 : JE TRAQUE MES CROYANCES LIMITANTES

Je choisis ma pensée positive du jour et je l'inscris dans mon cahier

Allez aux pages 222-224, choisissez la pensée positive qui vous inspire aujourd'hui et répétez-la souvent dans la journée, puis inscrivez sur une feuille de cahier trois actions que vous allez entreprendre pour concrétiser cette pensée.

Prendre conscience de vos croyances limitantes

« Croire c'est avoir confiance. »

— Karl Barth

Votre neuvième défi consiste à prendre conscience de vos croyances limitantes.

Faites le **test n° 3.**

Peu importe que vous ayez obtenu plus ou moins de 10 points à ce test, relisez vos réponses et classez-les par ordre d'importance. Indiquez ensuite les domaines qu'elles affectent.

Mes croyances limitantes	Vie professionnelle	Vie privée	Vie sociale
Je n'ose pas	Oui	Non	Oui

À présent, sélectionnez vos trois plus importantes croyances limitantes, et imaginez comment les choses se passeraient si vous en étiez débarrassé.

Indiquez d'abord dans votre cahier votre croyance limitante la plus importante et décrivez ses effets sur certains aspects de votre vie. Faites de même pour vos deux autres croyances limitantes.

Croyance 1...

Effets sur ma vie professionnelle

Effets sur ma vie privée

Effets sur ma vie sociale

Croyance 2...

Effets sur ma vie professionnelle

Effets sur ma vie privée

Effets sur ma vie sociale

Croyance 3...

Effets sur ma vie professionnelle

Effets sur ma vie privée

Effets sur ma vie sociale

Le meilleur moyen de contrer les croyances limitantes, c'est d'avoir un bon contre-exemple qui illustre le contraire de ce que l'on veut démontrer. Relisez vos réponses précédentes et sélectionnez pour chacune deux bons contre-exemples et reproduisez-les dans votre cahier, comme le modèle suivant.

Croyance	Contre-exemple	Contre-exemple
croyance 1	contre-exemple 1	contre-exemple 2

Décidez du moment où vous voulez vraiment vous débarrasser de vos croyances limitantes :

1. Tout de suite ;

2. Demain ;

3. La semaine prochaine ;

4. Pendant les vacances si j'en prends.

**Écrivez encore une fois dans votre cahier
ce que vous y avez appris.**

DÉFI N° 10 : JE CASSE MES MAUVAISES HABITUDES

Je choisis ma pensée positive du jour et je l'inscris dans mon cahier

Allez aux pages 222-224, choisissez la pensée positive qui vous inspire aujourd'hui et répétez-la souvent dans la journée, puis inscrivez sur une feuille de cahier trois actions que vous allez entreprendre pour concrétiser cette pensée.

Changer vos mauvaises habitudes

Votre dixième défi consiste à vous engager fermement sur la voie de l'assurance tranquille des grands leaders. Pour cela, vous devrez décider de **renoncer à vos habitudes pour en prendre de nouvelles, mieux adaptées.**

Consultez la **liste n° 4**. Elle n'est pas exhaustive bien sûr ; au besoin, ajoutez d'autres habitudes personnelles.

Pour chaque habitude, trouvez le contre-exemple, c'est-à-dire le bon comportement apte à la remplacer.

> Mauvaise habitude 1 : « Je téléphone à ma mère tous les jours. »

> Bonne habitude 1 : « Je téléphone à ma mère régulièrement, à un moment réservé pour cette conversation, et je me donne un temps limité. »

> Mauvaise habitude 2 : « Je rends compte à ma conjointe de tous mes faits et gestes. »

> Bonne habitude 2 : (à votre goût)

Sélectionnez vos trois habitudes les plus contraignantes puis complétez dans votre cahier les phrases sur le modèle suivant.

> Mauvaise habitude 1

Je cesse de… *me trouver de bonnes raisons pour ne rien faire* (par exemple).

> À la place, je décide de…

> Mauvaise habitude 2

Je cesse de…

> À la place, je décide de…

Mauvaise habitude 3

Je cesse de…

> À la place, je décide de…

Inscrivez ce que vous y avez appris.

DÉFI N° 11 : J'UTILISE POSITIVEMENT MES DOUTES

Je choisis ma pensée positive du jour et je l'inscris dans mon cahier

Allez aux pages 222-224, choisissez la pensée positive qui vous inspire aujourd'hui et répétez-la souvent dans la journée, puis inscrivez sur une feuille de cahier trois actions que vous allez entreprendre pour concrétiser cette pensée.

J'utilise mes doutes de façon positive

Votre onzième défi sera d'apprendre à tirer le meilleur parti de vos doutes. Douter c'est remettre en cause une affirmation, une certitude, une hypothèse et aussi une croyance ! **Vous pourrez utiliser le doute pour déstabiliser une croyance limitante** en accomplissant l'exercice suivant, toujours dans votre cahier.

Exercice : j'utilise le doute pour défier une croyance limitante

> **Première étape :** identifiez une croyance limitante. Par exemple :

« Je suis voué à l'échec. »

> **Deuxième étape :** installez le doute grâce à deux questions visant à mettre en évidence l'étendue réelle de la croyance, dans le temps et dans les situations. Par exemple :

1. Est-ce que vous échouez systématiquement ?

2. Est-ce que vous échouez dans tous vos projets ? Vraiment tous ?

> **Troisième étape :** citez un exemple où vous n'avez pas complètement échoué :

Exercice : j'utilise le doute pour améliorer ma confiance et mon estime de moi-même

> **Première étape :** imaginez la situation suivante. Vous avez l'intuition que vous risquez de ne pas prendre la bonne décision, mais objectivement, vous ne trouvez pas de bonne raison.

> **Deuxième étape :** dressez la liste d'informations dont vous avez besoin pour prendre votre décision en toute connaissance de cause.

> **Troisième étape :** faites la liste des risques que vous redoutez vraiment.

> **Quatrième étape :** reportez sur le tableau ci-dessous, que vous reproduirez dans votre cahier, les informations recueillies à la **deuxième étape** et les risques envisagés à la **troisième**, puis demandez-vous si les informations vous aident vraiment.

Informations	Risques

> **Cinquième étape :** si les informations sont insuffisantes, répondez aux deux questions ci-après dans votre cahier :

1. Quels sont les risques encourus si je ne prends pas la décision au moment opportun ?

2. Quels risques en valent la peine, malgré tout ?

À l'issue de cette stratégie, vous saurez mieux ce que vous devez faire ou ne pas faire.

Je refais les deux exercices précédents avec un autre exemple.

Exercice : j'utilise le doute pour défier une croyance limitante

> **Première étape :** identifiez une croyance limitante.

Par exemple : « Je n'ai pas le droit de demander plus que ce que j'ai déjà. »

> **Deuxième étape :** installez le doute grâce à deux questions visant à mettre en évidence l'étendue réelle de la croyance, dans le temps et dans les situations.

Par exemple :

1. Est-ce que vous échouez systématiquement ?

2. Est-ce que vous échouez dans tous vos projets ? Vraiment tous ?

> **Troisième étape :** citez un exemple où vous n'avez pas complètement échoué :

Exercice : j'utilise le doute pour améliorer ma confiance et mon estime de moi-même

> **Première étape :** imaginez la situation suivante. Je dois présenter l'entreprise à de nouveaux clients et animer la réunion, mais je me sens mal à l'aise ; pourtant, je l'ai déjà fait et je connais bien mon sujet.

> **Deuxième étape :** dressez la liste d'informations dont vous avez besoin pour prendre votre décision en toute connaissance de cause.

> **Troisième étape :** faites la liste des risques que vous redoutez vraiment.

> **Quatrième étape :** reportez sur le tableau ci-dessous, que vous reproduirez dans votre cahier, les informations recueillies à la deuxième étape et les risques envisagés à la troisième, puis demandez-vous si les informations vous aident vraiment.

Informations sur les risques

> **Cinquième étape :** si les informations sont insuffisantes, répondez aux deux questions suivantes :

1. Quels sont les risques encourus si je ne prends pas la décision au moment opportun ?

2. Quels risques en valent la peine, malgré tout ?

Inscrivez ce que vous y avez appris.

DÉFI N° 12 : JE LIBÈRE MON VRAI MOI

Je choisis ma pensée positive du jour et je l'inscris dans mon cahier

Allez aux pages 222-224, choisissez la pensée positive qui vous inspire aujourd'hui et répétez-la souvent dans la journée, puis inscrivez sur une feuille de cahier trois actions que vous allez entreprendre pour concrétiser cette pensée.

Libérez votre vrai moi

Dans la vie, vous vous interdisez beaucoup de choses. D'ailleurs, vous avez raison ; dans certains cas, c'est justifié et nécessaire ; le respect des lois et des règlements permet de vivre en bonne intelligence en société. Cependant, il y a d'autres interdits, plus sournois, comme de s'interdire de prendre la parole devant un chef, de désirer s'enrichir, de prendre du plaisir, etc.

Complétez les phrases suivantes dans votre cahier

> Interdit 1 :

Je m'interdis de…

Voici ce qui arriverait si je ne respectais pas cette règle :

> Interdit 2 :

Je m'interdis de…

Voici ce qui arriverait si je ne respectais pas cette règle :

> Interdit 3 :

Je m'interdis de…

Voici ce qui arriverait si je ne respectais pas cette règle :

Complétez le tableau ci-dessous, que vous reproduirez dans votre cahier, en indiquant les avantages et les inconvénients de vos interdits.

Mes interdits	Avantages	Inconvénients

Mes solutions

Vos interdits résultent de croyances limitantes. Sélectionnez ceux qui vous empêchent vraiment de **devenir vous-même, d'exprimer votre vrai moi.** Puis complétez les phrases ci-après dans votre cahier.

Libération n° 1

1. Je lève l'interdit qui m'empêche de…

2. Excepté peut-être dans les circonstances suivantes (*facultatif*)…

J'ai compris que cet interdit me protège de…

J'assume sereinement les conséquences de ma liberté retrouvée…

Libération n° 2

1. Je lève l'interdit qui m'empêche de…

2. Excepté peut-être dans les circonstances suivantes (*facultatif*)…

J'ai compris que cet interdit me protège de…

J'assume sereinement les conséquences de ma liberté retrouvée…

Inscrivez ce que vous y avez appris.

DÉFI N° 13 : J'APPRENDS À M'ACCEPTER

Je choisis ma pensée positive du jour et je l'inscris dans mon cahier

Allez aux pages 222-224, choisissez la pensée positive qui vous inspire aujourd'hui et répétez-la souvent dans la journée, puis inscrivez sur une feuille de cahier trois actions que vous allez entreprendre pour concrétiser cette pensée.

Apprendre à s'accepter

C'est votre treizième défi ; il vous fera considérablement avancer dans la connaissance de vous-même. Posez-vous des questions, examinez avec objectivité votre ressenti. Le but est de mettre des mots sur ces éléments inconscients, de les faire sortir en pleine lumière pour mieux les comprendre et de parvenir à les accepter.

Pour commencer, évaluez chacun de ces aspects de votre vie en leur donnant une note de 1 à 10. Vous mettez 10 quand vous vous sentez vraiment vous-même dans cet aspect, et des notes inférieures lorsque vous estimez que vos attentes, vos valeurs et votre propre estime ne sont pas respectées.

Exercice : découvrir et évaluer

Travail, relations professionnelles, santé, famille, amour, argent, vie sociale, loisirs, etc.

Prenez soin de répondre attentivement aux questions ci-après dans votre cahier

Dans lesquels de ces différents domaines vous sentez-vous maladroit et rempli de doutes ?

Décrivez ce que vous ressentez, les frustrations comme les peurs.

Reportez vos résultats sur la roue ci-après, que vous reproduirez dans votre cahier.

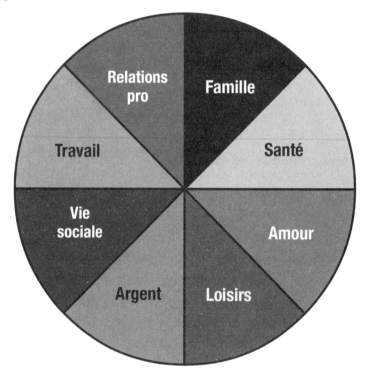

Exercice : identifiez vos points forts

Allez à la liste n° 5 et sélectionnez huit points forts, décrivez comment ils se manifestent et évaluez-les en leur attribuant à chacun une note de 1 à 10 dans votre cahier.

Mon point fort n° 1, note sur 10

Mon point fort n° 2, note sur10

Mon point fort n° 3, note sur 10

Mon point fort n° 4, note sur 10

Mon point fort n° 5, note sur 10

Mon point fort n° 6, note sur 10

Mon point fort n° 7, note sur 10

Mon point fort n° 8, note sur 10

Inscrivez ce que vous y avez appris.

DÉFI N° 14 : JE CRÉE DES ÉTATS INTERNES POSITIFS

Je choisis ma pensée positive du jour et je l'inscris dans mon cahier

Allez aux pages 222-224, choisissez la pensée positive qui vous inspire aujourd'hui et répétez-la souvent dans la journée, puis inscrivez sur une feuille de cahier trois actions que vous allez entreprendre pour concrétiser cette pensée.

Créer des états internes positifs

Votre quatorzième défi consiste à créer des états internes positifs. Commencez par lire la transcription de cet entretien annuel entre un membre du personnel et son chef de service.

Guillaume attend avec anxiété son entretien annuel avec Julien, son responsable. Mais celui-ci semble avoir changé. Au lieu des habituelles remarques désagréables sur son manque d'efficacité commerciale, Guillaume entend son responsable lui poser la question suivante :

« Quelles sont, selon toi, tes deux plus belles réussites cette année ? »

Après avoir parlé de ses réussites et avoir eu droit aux félicitations de son responsable, Guillaume entend une deuxième question :

« Quels sont les deux facteurs de progression que tu te fixes pour l'année qui vient ? »

Maintenant qu'il est à l'aise, Guillaume répond :

« L'organisation et les déplacements commerciaux. »

Julien lui propose alors de participer à deux séminaires de formation, l'un sur l'organisation, l'autre sur la gestion et la rentabilisation des déplacements professionnels. Après avoir fixé ses objectifs pour l'année à venir, Julien met fin à l'entretien en assurant Guillaume de sa totale confiance. Guillaume sort de cette rencontre avec un sentiment de confiance en lui et une ardente motivation pour attaquer la nouvelle année. Une attitude positive engendre d'autres attitudes positives : la confiance que l'on donne engendre la confiance et l'efficacité.

À votre tour, répondez avec précision aux questions suivantes dans votre cahier.

> Quelles ont été vos trois meilleures réussites au cours de l'année qui vient de s'écouler ?

> Quel serait votre facteur de progression prioritaire ?

> Quels secteurs souhaitez-vous améliorer ensuite ?

> Quels résultats concrets, mesurables voulez-vous obtenir ?

Fixez vous-même votre prochain projet, rêve, but, décrivez avec précision ce que vous voulez obtenir.

À présent, muni de tous les détails précis, exercez-vous à visualiser ce résultat, concentrez votre attention sur cette image mentale, et prenez le temps de la retoucher jusqu'à ce que vous soyez parfaitement d'accord avec son contenu.

Pour terminer l'exercice, concentrez-vous sur votre ressenti, énumérez et cotez les éléments qui le composent, puis reportez vos résultats sur le tableau ci-après que vous reproduirez dans votre cahier. La liste n'est pas exhaustive, vous pouvez la compléter.

État interne ressenti	Cote
Assurance	
Confiance	
Motivation	
Sérénité	
Détermination	

Inscrivez ensuite ce que vous y avez appris dans votre cahier.

DÉFI N° 15 : JE GÈRE MES PEURS (PREMIÈRE PARTIE)

Je choisis ma pensée positive du jour et je l'inscris dans mon cahier

Allez aux pages 222-224, choisissez la pensée positive qui vous inspire et répétez-la souvent dans la journée, puis inscrivez sur une feuille de cahier trois actions que vous allez entreprendre pour concrétiser cette pensée.

Gérer mes peurs avec efficacité et intelligence

Votre quinzième défi sera d'apprendre à gérer efficacement vos peurs.

Première étape

Commencez par identifier trois peurs qui vous empêchent de vous épanouir.

Décrivez-les dans votre cahier.

Ma peur n° 1…

Ma peur n° 2…

Ma peur n° 3…

Deuxième étape

Pour chacune, imaginez un scénario dans lequel vous sortez vainqueur de votre peur. Donnez-vous un code secret pour bien mémoriser ce déroulement positif.

Troisième étape

Pensez à une épreuve qui vous fait peur, pensez à votre code secret et laissez immédiatement le scénario vainqueur prendre place.

Les 10 bonnes habitudes pour gérer mes peurs

> Je me félicite chaque fois que j'ai obtenu un bon résultat, même modeste.

> Je demande l'avis de mon patron pour recueillir des compliments.

> Je reste informé de tout ce qui se passe autour de moi.

> Je félicite mes collaborateurs quand je suis content de leurs bons résultats.

> Je cultive la curiosité.

> Je prends de la distance vis-à-vis de mes pensées négatives.

> Je pense aux craintes que j'ai déjà surmontées et j'en ris.

> Je viens en aide à des proches qui ont une ou des peurs.

> Je m'efforce de rester pragmatique, j'observe les faits objectifs réels et présents.

> Je m'informe.

Repérez les habitudes que vous n'avez pas, et choisissez-en trois qui vous seront vraiment utiles. Pour chacune, rédigez dans votre cahier ce que vous allez gagner en l'adoptant.

Habitude n° 1…

Habitude n° 2…

Habitude n° 3…

Inscrivez ce que vous y avez appris.

DÉFI N° 16 : JE GÈRE MES PEURS (DEUXIÈME PARTIE)

Je choisis ma pensée positive du jour et je l'inscris dans mon cahier

Allez aux pages 222-224, choisissez la pensée positive qui vous inspire aujourd'hui et répétez-la souvent dans la journée, puis inscrivez sur une feuille de cahier trois actions que vous allez entreprendre pour concrétiser cette pensée.

La relaxation

Votre seizième défi consiste en l'apprentissage d'une technique de relaxation; elle vous permettra de vous détendre en un temps minimum, de vous reposer avec efficacité. Même si vous ne disposez que de peu de temps, **elle représente une excellente préparation mentale quand vous avez besoin de toute votre assurance.** Bien entendu, la relaxation alpha aura des effets bénéfiques sur la gestion de vos peurs.

L'intensité de l'activité cérébrale se manifeste par la fréquence de ses ondes. On les calcule en hertz (Hz) – un hertz équivaut à une ondulation par seconde. Les ondes alpha de 8 à 13 Hz sont les ondes de la transe hypnotique. Lorsque vous fermez les yeux et que vous vous installez confortablement, cet état de calme ou de relaxation légère favorise la diminution de la fréquence des ondes du cerveau. Vous avez une meilleure perception de tous vos sens et vous devenez beaucoup plus à l'écoute de vos ressentis et plus disponible à vos intuitions.

Le but de la relaxation alpha est de vous aider à vous détendre afin de diminuer la fréquence des ondes de votre cerveau pour atteindre les ondes alpha. Ces ondes permettent au subconscient d'être plus subjectif et réceptif. Elles vous permettent de vous connecter à des ressources psychologiques souvent inexploitées, voire inconnues. Le conscient se retire en quelque sorte et devient un observateur passif et beaucoup moins critique qu'à l'état de veille.

Exercice

1. Assoyez-vous ou allongez-vous après avoir vérifié que votre environnement est calme (pas de téléphone, fenêtres fermées, etc.).

2. Respirez profondément et lentement par le nez ; retenez une ou deux secondes l'air contenu dans vos poumons, puis expirez en relâchant tous vos muscles… Vous êtes en train d'expérimenter ce que les maîtres en arts martiaux nomment l'énergie interne.

3. Projetez-vous mentalement dans votre lieu idéal de détente. Fermez les yeux.

À des intervalles de 4 secondes, faites le décompte de 100 à 1, en étant très concentré.

4. Une fois atteint cet état de transe, multipliez les phrases positives et projetez-vous dans l'affrontement de vos peurs avec succès.

Utilisez cette technique pendant une semaine (tous les matins ou le soir avant de vous endormir), puis faites le décompte de 50 à 1, puis de 10 à 1, et enfin de 5 à 1, chacun de ces exercices, pendant une semaine également.

Important

Pour sortir en douceur de cet état, dites mentalement : « Je vais me réveiller doucement ; je me sentirai bien et mieux qu'auparavant. Je me prépare à ouvrir les yeux ; mes yeux s'ouvrent tout doucement… Me voilà réveillé, pleinement conscient et ouvert au monde. »

La durée normale d'une séance complète est de 20 à 35 minutes.

Quelques séances suffisent, et vous serez tout aussi surpris que moi de voir à quel point ce procédé est efficace, et permet de gérer ses peurs et ses angoisses avec sérénité. Ce n'est pas pour rien que les psychologues recommandent cette technique pour apprendre à maîtriser ses phobies !

VOTRE JOURNAL DE RELAXATION

Notez avec précision vos impressions et commentaires après chaque séance dans votre cahier.

> Après votre **première** séance, notez ce que vous avez ressenti.

> Après votre **deuxième** séance, notez ce que vous avez ressenti.

> Après votre **troisième** séance, notez ce que vous avez ressenti.

> Après votre **quatrième** séance, notez ce que vous avez ressenti.

> Après votre **cinquième** séance, notez ce que vous avez ressenti.

> Après votre **sixième** séance, notez ce que vous avez ressenti.

> Après votre **septième** séance, notez ce que vous avez ressenti, et ainsi de suite pour chacune des séances.

Inscrivez ce que vous y avez appris.

DÉFI N° 17 : JE CONTRÔLE MES PENSÉES

Je choisis ma pensée positive du jour et je l'inscris dans mon cahier

Allez aux pages 222-224, choisissez la pensée positive qui vous inspire aujourd'hui et répétez-la souvent dans la journée, puis inscrivez sur une feuille de cahier trois actions que vous allez entreprendre pour concrétiser cette pensée.

Contrôler ses pensées

Votre dix-septième défi consiste à prendre le contrôle sur vos pensées.

Le contrôle et le défi aident donc à bâtir l'estime de soi et à promouvoir la pensée positive. Voici comment renforcer instantanément une attitude positive.

Première étape

Allez à la liste n° 6, lisez-la avec attention, cochez les attitudes que vous avez déjà et celles que vous pensez pouvoir pratiquer facilement.

Reste-t-il quelques attitudes qui vous semblent plus difficiles à mettre en œuvre ? Si **oui**, expliquez pourquoi dans votre cahier.

Deuxième étape

Pour chaque renforcement positif, pensez à une image. Par exemple, si vous vous rapprochez de gens positifs, pensez à quelqu'un en particulier, et visualisez une situation où vous le côtoyez.

Décrivez vos images dans votre cahier.

Première étape : le bon côté du miroir

Pensez à une situation qui d'habitude vous ennuie, vous stresse et exercez-vous à voir le bon côté des choses.

Deuxième étape : le contrôle

Pensez à une petite phrase qui vous démotive ou vous rend triste et remplacez-la par une musique stimulante et entraînante, montez le son mentalement. Notez dans votre cahier la phrase et la musique.

Troisième étape : le défi

Donnez-vous un défi audacieux à relever et un délai pour arriver à le relever. Notez-le dans votre cahier.

Inscrivez ce que vous y avez appris.

DÉFI N° 18 : JE PENSE POSITIF

Je choisis ma pensée positive du jour et je l'inscris dans mon cahier

Allez aux pages 222-224, choisissez la pensée positive qui vous inspire aujourd'hui et répétez-la souvent dans la journée, puis inscrivez sur une feuille de cahier trois actions que vous allez entreprendre pour concrétiser cette pensée.

Les pensées positives

Votre dix-huitième défi consiste à enrichir vos pensées positives. Reportez-vous à la liste des pensées positives ; elle en contient 34. **Choisissez les sept qui vous semblent les plus importantes, les plus riches de sens.** Pour chacune de ces pensées, décrivez dans votre cahier les images que vous voyez mentalement en les répétant. **Associer l'image à la pensée en décuple l'effet.**

Ma pensée positive n° 1…

Ma pensée positive n° 2…

Ma pensée positive n° 3…

Ma pensée positive n° 4…

Ma pensée positive n° 5…

Ma pensée positive n° 6…

Ma pensée positive n° 7…

Faites une séance de relaxation comme vous l'avez appris lors de votre seizième défi. Une fois arrivé à la phase 4, **travaillez votre pensée positive préférée** en vous concentrant sur les images associées.

Après cette séance, décrivez en détail ce que vous ressentez.

Inscrivez ce que vous y avez appris dans votre cahier.

DÉFI N° 19 : JE ME SERS DE MES ÉCHECS

Je choisis ma pensée positive du jour et je l'inscris dans mon cahier

Allez aux pages 222-224, choisissez la pensée positive qui vous inspire aujourd'hui et répétez-la souvent dans la journée, puis inscrivez sur une feuille de cahier trois actions que vous allez entreprendre pour concrétiser cette pensée.

J'utilise mes échecs

Un échec n'est autre qu'un résultat non désiré, mais logique et prévisible, compte tenu des processus qui y conduisent. Pour pouvoir en tirer un profit, il faut d'abord comprendre ce qui a permis à cet échec de survenir.

> Pensez à un échec scolaire et complétez les phrases ci-après dans votre cahier.

J'ai échoué à…

Mon erreur principale a été de…

Ce qui m'a manqué, c'est surtout…

> Pensez à un échec sentimental et complétez les phrases suivantes :

J'ai échoué à…

Mon erreur principale a été de…

Ce qui m'a manqué, c'est surtout…

> Considérez un échec sur le plan professionnel et complétez les phrases suivantes :

J'ai échoué à…

Mon erreur principale a été de…

Ce qui m'a manqué, c'est surtout…

Étape 1 : comprendre le sens de l'échec

> Qu'ai-je appris de mon échec scolaire ?

> Qu'ai-je appris de mon échec sentimental ?

> Qu'ai-je appris de mon échec professionnel ?

Étape 2 : tirer un enseignement de l'échec

> Après cet échec scolaire, j'ai décidé que cela ne m'arriverait plus si je remplissais trois conditions (inscrivez-les dans votre cahier et faites de même avec les autres échecs).

> Après cet échec sentimental, j'ai décidé que cela ne m'arriverait plus si je remplissais trois conditions.

> Après cet échec professionnel, j'ai décidé que cela ne m'arriverait plus si je remplissais trois conditions.

Inscrivez ce que vous y avez appris.

DÉFI N° 20 : JE CULTIVE MES PASSIONS

Je choisis ma pensée positive du jour et je l'inscris dans mon cahier

Allez aux pages 222-224, choisissez la pensée positive qui vous inspire aujourd'hui et répétez-la souvent dans la journée, puis inscrivez sur une feuille de cahier trois actions que vous allez entreprendre pour concrétiser cette pensée.

Cultivez vos passions

Voici votre vingtième défi. Il consiste à repérer vos passions.

Voici comment les identifier.

Première étape

Complétez les phrases ci-après dans votre cahier :

> Je ne vois jamais le temps passer quand je… **(indiquez par ordre d'importance trois actions dans lesquelles vous êtes capable de vous impliquer à 100 %).**

> Dans ma vie professionnelle, je ne pourrais jamais me passer de… **(indiquez trois priorités absolues).**

> Les meilleures preuves de réussite pour moi sont… **(indiquez trois preuves par ordre d'importance)**

Deuxième étape

Donnez-vous des buts compatibles avec vos passions.

> Indiquez trois buts qui vous tiennent à cœur.

Pour chacun de ces buts, repérez s'ils tiennent compte de vos passions en complétant le tableau ci-après que vous reproduirez dans votre cahier. Pour chaque but, mettez « **oui** » ou « **non** » selon qu'il correspond aux critères indiqués :

> **Implication 100 %** : quand vous agissez pour atteindre ce but, vous vous impliquez totalement.

> **Indispensable à ma réussite** : atteindre ce but est incontournable, vous ne seriez pas accompli si vous n'atteigniez pas ce but.

> **Preuves à l'appui** : le but atteint fournit des preuves tangibles, mesurables, vérifiables par vous et par autrui.

Buts	Implication 100 %	Indispensable à ma réussite	Preuves à l'appui

> À présent, sélectionnez le but qui correspond le mieux à vos critères, et décrivez pourquoi vous ne pouvez pas ne pas le vouloir dans votre cahier.

> Décidez des trois premières actions à entreprendre pour atteindre ce but.

> Décidez du moment où vous voulez avoir atteint ce but.

> Choisissez la récompense que vous vous attribuerez quand vous aurez atteint ce but.

> Imaginez quels pourraient être les buts suivants.

> Indiquez sur la roue que vous avez reproduite dans votre cahier auparavant quel est votre niveau de confiance pour chacun des secteurs.

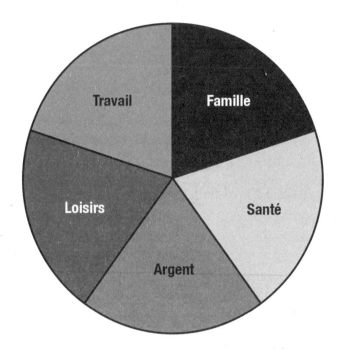

Inscrivez ce que vous y avez appris.

DÉFI N° 21 : **BONUS PNL**

Je choisis ma pensée positive du jour et je l'inscris dans mon cahier

Allez aux pages 222-224, choisissez la pensée positive qui vous inspire aujourd'hui et répétez-la souvent dans la journée, puis inscrivez sur une feuille de cahier trois actions que vous allez entreprendre pour concrétiser cette pensée.

La PNL ou comment se programmer pour le succès

La PNL, ou programmation neurolinguistique, est un ensemble d'outils psychologiques essentiels pour renforcer son leadership et sa confiance personnelle. La PNL s'adresse notamment aux cadres supérieurs et aux dirigeants, aux gens responsables du service à la clientèle, spécialistes de la communication, du marketing, aux enseignants et, bien sûr, aux professionnels de la santé et de la relation d'aide.

La PNL sert à mieux se connaître, mieux communiquer avec soi-même et mieux communiquer avec les autres. C'est pourquoi elle permet de réaliser des changements rapides et durables.

La PNL envisage la communication au sens le plus large. Elle permet de saisir et de modifier la manière dont les individus apprennent, changent et se développent. **C'est une démarche aux aspects multiples couvrant un champ très étendu de l'expérience humaine. Un des aspects marquants de la PNL est l'art de la modélisation, c'est-à-dire le décodage, et la reproduction des processus d'excellence.**

Stéphane, l'un de mes étudiants, était venu participer à l'un de nos événements. Il était en proie à un désarroi intense… L'argent. Dans son enfance l'argent était mal perçu par son entourage et associé à de nombreuses croyances négatives. S'il souhaitait plus que tout au monde atteindre l'indépendance financière, il arrivait tout juste à payer ses factures à la fin du mois. Si l'argent lui manquait cruellement, il était resté depuis l'enfance une véritable hantise. De l'attirance au rejet, il était en perpétuelle contradiction avec lui-même. Il passait du Dr Jekyll à M. Hyde continuellement. Il était en somme victime d'une forte opposition de valeurs avec, à la clé, un profond manque de confiance en lui.

La pratique de la PNL durant notre événement lui a permis de maîtriser cette angoisse inexplicable. Quelques jours après sa participation, il nous a donné de ses nouvelles sous forme de témoignage élogieux de notre approche ; il nous a expliqué que la facturation de ces clients n'était plus devenue un cas de conscience. Il parlait d'argent avec facilité tout en ayant supprimé les croyances limitantes qui étaient en lui depuis l'enfance.

Dès qu'il devait aborder le sujet, il réutilisait tous les outils que nous lui avions communiqués. Avec la clientèle, au bureau, en famille, il parvenait à recréer un moment de bien-être, de confiance, évacuant les peurs qui le paralysaient. Il venait de modifier l'équation plaisir-douleur de son rapport à l'argent. Son couple, ses relations, ses finances et sa vie entière ont changé.

Lorsque vous ne contrôlez plus votre pensée, vous pouvez sentir monter en vous une succession de critiques, de pensées négatives. C'est ce qui arrive notamment lors de coups de cafard à répétition. C'est un renforcement négatif qui aggrave l'état interne et ébranle la confiance et l'estime de soi. La PNL offre des outils pour enrayer ce mécanisme et programmer l'inconscient de façon à éviter ces pièges.

Voici trois techniques qui vous seront précieuses, ce sont celles que j'ai sélectionnées pour mes clients. Découvrez-les vite et tirez-en le meilleur bénéfice.

Le tableau dont vous êtes le héros

Cet exercice va arrêter les flots d'images négatives et guider votre esprit sur la bonne voie.

> Étape 1

Commencez par créer une image de vous, comme si vous vous voyiez de l'extérieur. Juste quelques instants, essayez d'imaginer que vous regardez cette image, comme si vous vous observiez vous-même debout ou assis là, à côté de votre ordinateur, en regardant l'écran. Imaginez les vêtements que vous portez à l'heure actuelle, la couleur de vos cheveux et de vos yeux, les expressions du visage, la posture, l'allure générale ; l'idée c'est de constituer une image précise et détaillée.

> Étape 2

Réglez cette image en vous observant de manière positive. Ignorez les petits défauts qui devraient normalement attirer votre regard dans le miroir, regardez-vous comme une personne entière, assise sur la chaise avec un sentiment de sérénité, même très léger (il sera amplifié dans quelques instants). Continuez à ajuster l'image, à jouer avec des propriétés comme la luminosité de l'image, à l'agrandir, associez-y une chanson douce que vous aimez en fond sonore (seulement dans votre esprit)…

L'idée dans l'étape 2 est de maximiser les points positifs en vous et de minimiser les effets négatifs. Continuez à travailler sur cette image, en changeant les petits détails un à un, pour en faire une belle représentation positive et précise de qui vous êtes vraiment.

> Étape 3

Exagérez. On a tous un côté négatif en nous qui fait de chaque petit défaut un énorme souci, comme une énorme pancarte affichant «Regardez comme je suis maladroit, comme je suis timide, comme je me laisse aller, etc.» Aussi, exagérez vos côtés positifs; vous ne ferez que rétablir l'équilibre! Vous avez les yeux bleus? Faites-les lumineux et plus grands. Vous aimez votre nez? Concentrez-vous sur lui. Vous avez un grand sens de l'humour? Imaginez comment vous vous sentiriez bien auprès de personnes sensibles à votre humour.

> Étape 4

Comparez l'image que vous venez de construire avec l'image que vous aviez créée à l'étape 1. Vous pouvez nommer les différences parce que vous avez fait beaucoup évoluer votre image. Quelle est la différence entre ces deux images dans ce que vous ressentez? Comparez les images et prenez conscience du regard plein de douceur et de fierté sur l'image de l'étape 4… Vous êtes tout simplement en train de ressentir la confiance.

L'ancrage

L'ancrage est une puissante technique que j'utilise couramment lors du week-end SPARK. Le processus dit d'ancrage est un processus simple et naturel qui consiste à associer un état interne (émotion, ressenti) à un stimulus externe d'au moins un des cinq sens (ouïe, vue, odorat, toucher, goût). Ensuite, la simple existence du stimulus suffit à faire revenir présente à l'esprit toute l'expérience, et ceci, qu'elle soit bonne ou mauvaise !

L'exemple le plus célèbre nous est donné dans la littérature par Marcel Proust. L'auteur décrit comment une partie des souvenirs de son enfance revient à son esprit, alors qu'il déguste une madeleine, cette pâtisserie sucrée, comme celles qu'il appréciait étant enfant !

L'ancrage se déroule en deux temps. Vous devez d'abord vous mettre dans l'état précis voulu, puis y associer un stimulus (une chanson, un son, un geste, une odeur, etc.) qui déclenche l'état voulu.

Voici un exemple concret de mise en application :

Si j'ai utilisé aussi bien cette technique avec des personnalités telles que des chefs d'État – que la discrétion m'impose de ne pas citer –, je peux vous dire en revanche que j'ai appliqué la méthode SPARK des points d'ancrage et de la restructuration des schémas avec des sportifs de très haut niveau. Je pense notamment à Olivier Schoenfelder, champion du monde de danse sur glace. J'ai restructuré ce qu'il croyait être ses limites pour les nouveaux défis qu'il avait à affronter. J'ai associé ses états optimaux au signal de départ (en lui faisant se rappeler, à ce moment-là, un air de musique auquel il avait pensé lors d'une compétition, qu'il avait remportée), ainsi qu'à la ligne de démarcation de la patinoire sur laquelle il devait concentrer son attention. Mis ainsi en condition, il obtint les résultats qu'il désirait atteindre.

Un exemple concret

Vous êtes terrorisé par une personne de votre entourage professionnel ou personnel; l'autorité qu'elle incarne vous déstabilise et vous rend maladroit et stressé. Il s'agit de trouver un stimulus qui vous permette, dans cette situation, de déclencher un tout autre état d'esprit, volontaire et assuré, devant ce type (peut-être votre supérieur hiérarchique). Cela peut être un geste (claquer des doigts), le sifflotement d'une chanson, etc. Le but est bien, à partir d'un stimulus, de susciter la réaction voulue, immédiatement et dans n'importe quel lieu. À vous de choisir ce point d'ancrage, de le répéter pour l'assimiler, afin de gérer automatiquement les situations qui vous embarrassent.

À vous maintenant !

Voici la technique d'auto-ancrage des états de ressources élaborée par des spécialistes de la PNL. Un état de ressource est un ressenti au cours duquel vous vous sentez en pleine possession de vos qualités, de vos compétences, c'est un état de confiance et d'excellence.

Première étape

Choisissez un état interne positif, que vous souhaitez ressentir plus souvent, et pensez à un moment de votre vie au cours duquel vous l'avez pleinement ressenti.

Deuxième étape

Revivez pleinement cette expérience. Revoyez-la avec vos propres yeux, écoutez avec vos oreilles et ressentez toutes les sensations avec votre corps. Faites mentalement le tour de tous les détails vus, entendus et ressentis, puis, lorsque vous avez terminé cette liste, cessez de penser à cette expérience et faites une petite pause.

Troisième étape

Sélectionnez un unique point pour votre auto-ancrage situé dans la partie supérieure de votre corps, facile d'accès, mais rarement touché au cours des interactions quotidiennes. Par exemple, la paume des mains, les épaules, les joues sont souvent touchées par vous-même ou par d'autres au cours des interactions quotidiennes. C'est pourquoi ces parties ne peuvent pas devenir des déclencheurs uniques. En revanche, le lobe de l'oreille, la dernière phalange de l'annulaire ou la peau entre l'index et le majeur fournissent des terrains qui ne sont pas « contaminés » par des contacts aléatoires, et sont donc propices pour établir des stimuli « uniques ».

Quatrième étape

Accédez à votre expérience de ressource. Au moment où vous sentez que l'état interne est sur le point d'atteindre son intensité maximale, touchez ou pincez légèrement la partie du corps choisie pour votre ancrage. Ajustez la pression afin de l'accorder avec l'intensité de votre sensation.

Après avoir effectué cela pendant quelques secondes, cessez de penser à cette expérience et faites une petite pause.

Cinquième étape

Répétez la quatrième étape plusieurs fois. Chaque répétition amplifie l'expérience de la ressource en augmentant l'intensité des sous-modalités sensorielles.

Sixième étape

Testez votre ancrage en faisant d'abord le vide dans votre esprit, puis en activant votre ancrage. L'expérience ressource associée à votre ancrage devra alors surgir spontanément sans aucun effort conscient. Répétez cette étape plusieurs fois jusqu'à ce que l'accès à la ressource devienne spontané et naturel.

Septième étape

Pensez à une situation dans laquelle vous voulez disposer de la ressource. Activez votre ancrage de façon à établir un lien entre cette situation et l'ancrage.

Après avoir lu et pratiqué l'exercice d'auto-ancrage, refaites les tests n° 1 et n° 2, notez vos résultats et appréciez votre progression.

La qualité de votre présent

Un disciple zen interroge son maître : « Maître, qu'est-ce qu'être zen ?

— Être zen, c'est balayer le sol quand tu balayes le sol, manger quand tu manges, et dormir quand tu dors.

— Maître, c'est donc si simple !

— Bien sûr, mais si peu de gens le font... »

D'après la physique quantique, l'univers n'existe que dans le moment présent, vibrant dans et hors de l'existence. L'énergie de l'univers est sensible à notre apport d'énergie que nous déployons au mieux lorsque nous sommes « maintenant ».

En d'autres termes, **il est essentiel d'être présent ici et maintenant.** Être présent crée ce qui pourrait normalement être appelé « présence », la marque distinctive de tous les succès extraordinaires.

Le problème avec ce « maintenant » est qu'étant donné l'environnement social et la vie que l'on mène à un rythme effréné, la plupart des gens ne sont pas présents dans l'« ici et maintenant » ; ils vivent essentiellement dans l'anticipation. La qualité de présence, c'est d'être vraiment présent dans l'action que vous faites. C'est là un secret de réussite d'une richesse immense ! Combien de personnes passent leur vie, projetées dans le passé ou l'avenir sans jamais être « là » dans l'instant présent ? 90 % ? 95 % ? 99 % des gens ?

La psychologie prouve de façon concluante que le subconscient normal est porté dans le passé, en fait un passé depuis longtemps révolu. Comme si cela n'était pas suffisamment autodestructeur, notre esprit conscient est, à tout le moins, distrait par des pensées inutiles – le plus souvent des pensées qui dérivent vers le négatif, l'inquiétude et le doute.

La recherche suggère même que l'esprit n'est présent qu'à 1 % de la vie. Si vous n'êtes présent qu'à un seul pour cent, vous avez très peu de chances d'obtenir des succès considérables, car vous limitez votre rayon d'action et votre performance d'esprit.

Que faire en pratique?

«S'entraîner» à devenir conscient chaque fois que vous vous retrouvez à faire une de ces deux actions simples:

1. Ouvrir une porte;

2. Être assis dans un fauteuil.

C'est tout! Quand vous serez capable d'accorder toute votre attention à ces actions toutes simples, vous chasserez automatiquement les conversations intérieures négatives, les images dévalorisantes, les réflexions et propos désobligeants des autres; bref, vous cesserez de ressasser du négatif.

Lorsque vous ouvrez une porte, regardez bien votre main saisir la poignée. Sentez le poids de la porte. Sentez l'air nouveau de la pièce où vous entrez. Focalisez-vous totalement sur vos sensations. Si c'est une porte dans un lieu très connu, comme chez vous, fermez les yeux et recréez mentalement la porte à partir de vos sensations.

De la même façon, quand vous êtes assis dans un fauteuil, ressentez chaque sensation de votre corps, représentez-vous mentalement simplement assis dans le fauteuil.

Une autre façon de s'immerger dans le moment présent est de s'attacher aux sensations des cinq sens:

1. Vue;

2. Odorat;

3. Goût;

4. Toucher;

5. Ouïe.

Quand votre esprit se laisse envahir par un flot de pensées exccssif, il est facile de rater les simples (et très importantes) choses de la vie.

Appuyez-vous sur les cinq sens pour orienter votre conscience vers le présent. Relevez tout ce qu'il y a à voir et à sentir. Mettez le nez dehors et respirez l'air frais ou sentez le doux parfum d'un fruit frais au marché. Remarquez les goûts et les odeurs. Ralentissez lorsque vous mangez et goûtez les saveurs de la nourriture. Ressentez avec douceur la sensation de tenir une tasse de café ou la sensation du vent contre votre peau. Soyez conscient des sons dont nous sommes entourés.

Si vous vous trouvez dans un moment de stress, de pression ou de tension, cessez immédiatement ce que vous faites, prenez une grande inspiration, et dites-vous : *Je suis bien maintenant. Je suis bien maintenant. Je suis dans le contrôle MAINTENANT.*

Prenez une pause de 10 secondes à l'écoute de la beauté, la magie et l'émerveillement de l'instant. **Cessez de penser !**

Pour être vraiment dans le présent, vous devez être bien organisé ; cela vous évitera des incertitudes qui viennent polluer votre concentration. Donc, prenez obligatoirement le temps de vous organiser, de planifier votre semaine afin d'optimiser votre efficacité. Je vous suggère de le faire le dimanche soir.

En prenant 20 minutes, listez et classez tout ce que vous avez à faire (payer une facture, prendre rendez-vous avec le banquier, etc.) et les objectifs de votre semaine. Grâce à cette astuce, un client est parvenu, en 6 mois, à augmenter de 10 % ses ventes.

Ne remettez pas votre bonheur à demain. La vérité, c'est qu'il n'y a pas de meilleur moment pour être heureux que...

MAINTENANT !

Si ce n'est pas maintenant, quand y arriverez-vous ? Votre vie sera toujours pleine de défis. C'est quand même mieux de l'accepter et d'être heureux DE TOUTE FAÇON. Le bonheur est la voie. Donc, appréciez chaque moment que vous vivez et aimez-le d'autant plus que vous le partagez avec quelqu'un de « spécial » ! Le temps ne vous attendra pas.

LES LISTES, LES TESTS, LES QUESTIONNAIRES

Simples et précis, ils vont vous aider à faire le point, à mieux vous connaître et à mieux progresser dans votre parcours de leadership. Les résultats des **listes, tests et questionnaires** sont à reporter dans votre programme d'entraînement personnel.

LISTE N° 1 : LES SIGNES D'UNE BONNE ESTIME DE SOI

Lisez attentivement cette liste et inscrivez dans votre cahier les affirmations avec lesquelles vous êtes en accord.

> Je prends soin de moi. Je me trouve plutôt sympathique quand je me regarde dans un miroir… Au fond, je m'aime bien.

> Je suis capable de dire que j'ai fait une erreur, ou de présenter des excuses.

> Je suis capable de me pardonner mes erreurs comme celles d'autrui.

> Je gère ma vie de façon responsable et indépendante, j'assume mes choix.

> J'écoute des points de vue différents du mien.

> Dans l'ensemble, je suis capable de gérer la pression.

> Je tiens compte de mon intuition, et j'agis en conséquence. Je parle positivement en moi-même.

> Je connais mes forces et mes faiblesses.

> Je choisis l'amélioration continue et je prends des risques positifs.

> Je pense que l'un des rôles du leader et de quiconque aspire à une confiance illimitée est de nourrir l'estime de soi et la confiance en soi de ses équipes et de ses clients.

Vous vous retrouvez dans ces traits et ces comportements? Comptez 1 par ressemblance, établissez votre score sur 10 et reportez-le sur la grille de votre défi n° 1.

LISTE N° 2 : LES SIGNES D'UNE FAIBLE ESTIME DE SOI

Lisez attentivement cette liste et inscrivez dans votre cahier les affirmations avec lesquelles vous êtes en accord.

> Je pratique l'autoaccusation, l'autocritique, et il m'arrive souvent de rabaisser les autres par la culpabilité, le blâme, la honte, etc.

> Ce n'est pas de ma faute si j'ai des problèmes.

> Quand je laisse les autres prendre des décisions à ma place, je me sens souvent frustré si les résultats ne sont pas au rendez-vous.

> Je perds mes moyens lorsque la pression s'accumule.

> Je redoute le changement, notamment s'il faut prendre des risques.

> Il m'arrive d'être trop émotif ou de ne rien ressentir du tout.

> Je supporte mal la contradiction et j'ai tendance à me replier sur moi-même.

> Je me compare constamment aux autres, soit par un sentiment inférieur ou supérieur.

> Je manque de curiosité, mais j'ai l'impression qu'il n'y a rien de nouveau sous le soleil.

> Mon monologue intérieur est dans l'ensemble négatif, je ne me félicite jamais…

Vous vous retrouvez dans ces traits et ces comportements ? Comptez 1 par ressemblance, établissez votre score sur 10 et reportez-le sur la grille de votre défi n° 1.

LISTE N° 3 : CES PETITES PHRASES NÉGATIVES QUI SE RÉPÈTENT DANS MON MONOLOGUE INTÉRIEUR

Lisez attentivement cette liste et inscrivez dans votre cahier les affirmations avec lesquelles vous êtes en accord.

> Tu ne vas pas y arriver.

> Tu n'as pas les qualités nécessaires.

> Laisse tomber, c'est trop dur.

> Tu n'as aucun pouvoir sur ce problème.

> Tu n'es pas capable de voir ce que tout le monde sait déjà.

> Ce n'est pas toi qui décides.

> Personne ne va venir à ton aide.

> Tu as encore fait une erreur.

> Tu vas te faire rejeter.

> C'est trop risqué.

Vous pourriez prononcer certaines de ces phrases dans votre monologue intérieur ? Celles que vous vous dites présentent-elles des ressemblances ? Comptez 1 par similitude, établissez votre score sur 10 et reportez-le sur la grille de votre défi n° 6.

LISTE N° 4 : LES MAUVAISES HABITUDES QUI MINENT MA CONFIANCE ET DONT JE VEUX ME DÉBARRASSER

Lisez attentivement cette liste et inscrivez dans votre cahier les habitudes que vous jugez inutiles.

> Téléphoner tous les jours à ma mère.

> Rendre compte à ma femme de tous mes faits et gestes.

> Gronder mes enfants quand ils ont une note médiocre.

> Préférer me taire plutôt que de désapprouver ouvertement.

> Me gaver de friandises quand je me sens trop malheureux.

> Accuser autrui d'être responsable de mes frustrations.

> Me trouver de bonnes raisons pour ne pas exécuter certaines tâches.

> Mentir plutôt que de risquer de déplaire.

> Répondre à toutes les sollicitations, même si je suis débordé.

> Ne pas m'engager de crainte de faire erreur.

LISTE N° 5 : LES POINTS FORTS

Lisez attentivement cette liste, inscrivez dans votre cahier les points forts que vous possédez, ajoutez-en si ces points forts ne figurent pas dans cette liste.

> Je sais m'organiser.

> Je suis toujours disponible pour les gens que j'aime.

> Je ne dépense pas mon argent à tort et à travers.

> J'adore faire plaisir aux autres.

> Je suis globalement optimiste.

> J'ai l'esprit critique.

> Je suis capable de me remonter le moral tout seul.

> J'ai une bonne hygiène de vie.

> Je ne dis jamais de mal de mes collègues.

> Je sais rester modeste dans le succès.

> J'assume mes responsabilités même si ce n'est pas agréable.

> Je tiens mes promesses.

> Je suis prudent.

> Je ne me mens jamais à moi-même.

> Je suis consciencieux dans mon travail.

> J'ai l'esprit d'équipe.

> J'ai de l'imagination.

> Je m'efforce de bien jouer mes rôles familiaux.

> Je sais repérer les bonnes affaires.

> Je suis audacieux quand il le faut.

LISTE N° 6 : LE RENFORCEMENT DES ATTITUDES POSITIVES

Lisez attentivement cette liste, au besoin complétez-la dans votre cahier avec vos renforcements positifs personnels.

> Je me rapproche des gens positifs.

> Au lieu de faire la tête, je souris.

> Je m'autorise à fredonner.

> Je suis à l'affût de tout ce qui peut m'aider à progresser.

> Je transforme le monologue intérieur négatif en monologue positif.

> Je partage ou j'explique ce que je viens d'apprendre.

> J'ai toujours sur moi la liste de mes buts et ma pensée positive du jour.

> Je sais ce que j'ai à faire dans la journée, la semaine, le mois.

> Je sais me rendre indispensable et me faire désirer !

> J'encourage mes collaborateurs !

> Je ne critique jamais mes supérieurs, mes collègues…

> Je n'hésite pas à faire leur éloge.

> Je m'entoure des gens que j'aime.

> J'exprime mes sentiments.

> Face à une difficulté, je suis certain de trouver une solution.

> Quand quelqu'un se montre pessimiste, je démontre qu'une vision optimiste est possible.

> Régulièrement, je pense à des succès que j'ai obtenus.

> J'aime être entouré de gens qui m'aiment et m'apprécient.

> Je me félicite quand je suis content de moi.

> Je cultive l'humour.

> Je prends soin de moi.

TEST N° 1

ÉVALUEZ VOTRE NIVEAU DE CONFIANCE ET D'ESTIME DE SOI

Répondez aux questions ci-après dans votre cahier par ces choix : toujours, souvent, parfois ou jamais.

Question 1 : Vous trouvez toutes sortes de bonnes raisons pour repousser une décision ou une action même s'il s'agit de quelque chose d'important…

Question 2 : Vous déclinez une invitation à laquelle vous avez pourtant envie d'aller…

Question 3 : Vous devez prendre une décision importante dans le cadre de votre travail dont vous serez seul responsable ; vous trouvez cela difficile…

Question 4 : Vous n'aimez pas les gens qui vous font remarquer vos erreurs…

Question 5 : Vous partagez vos sentiments…

Question 6 : Vous êtes ouvert aux critiques constructives…

Question 7 : Il y a au moins un contexte de votre vie où vous vous sentez coupable de ne pas avoir fait ce qu'il fallait…

Question 8 : Vous sentez que vous devriez avoir plus d'estime de vous-même…

Question 9 : Vous ressentez un conflit intérieur entre ce que vous voudriez faire et ce que vous faites actuellement…

Question 10 : Vous avez l'impression que les autres ne vous respectent pas…

Question 11 : Vous vous trouvez trop sérieux…

Question 12 : Si vous échouez dans un projet, cela renforce votre certitude d'être voué à l'échec…

Question 13 : Vous avez l'impression d'être oublié lors de négociations professionnelles…

Question 14 : Vos attentes envers vous-même et les autres sont très élevées…

Question 15 : Vous vous sentez observé et jugé par autrui…

Question 16 : Si quelqu'un vous critique, vous vous sentez inférieur…

Question 17 : Vous vous comparez avec les autres et vous vous trouvez moins bien qu'eux…

Question 18 : Vous trouvez votre cercle d'amis insuffisant…

Question 19 : Dans votre enfance, vous aviez le sentiment de ne pas compter beaucoup aux yeux de vos parents…

Question 20 : Hésitez-vous à exprimer vos opinions ? (Toujours, souvent, parfois ou jamais)

RÉSULTATS

Vous obtenez plus de 18 « jamais » ou « parfois »…

Vous êtes vous-même. Vous avez une conscience claire de vos intérêts et de vos droits, et vous n'hésitez pas à le faire savoir aux autres. On ne vit qu'une fois, pensez-vous, et pour s'épanouir, il faut bien s'affirmer.

Alors, si quelqu'un s'oppose à vos projets, vous ne vous laisserez pas faire. Ce que l'on peut penser de vous vous intéresse, mais ne vous obsède pas et, en tout cas, vous ne construisez pas votre vie sur cela.

Vous avez donc une forte personnalité, vous êtes capable d'une véritable originalité et de savoir quelle direction choisir pour améliorer votre efficacité et celle de vos collaborateurs. Vous êtes doté de qualités de leadership et de créativité incontestables. Il faut peut-être prendre davantage en considération ce pouvoir qui est en vous pour l'exploiter au maximum.

Vous obtenez entre 11 et 18 « jamais » ou « parfois »…

Vous n'êtes pas vraiment vous-même. Certes, vous parvenez à faire illusion et à faire croire que vous avez beaucoup de confiance en vous-même. Ce n'est pas un effort délibéré pour tromper autrui, mais un simple réflexe pour correspondre à l'image que les autres ont de vous. Lors de vos périodes de crise ou de prise de conscience, vous vous rendez compte que les choses sont plus compliquées que votre entourage ne le pense : vous contrôlez toujours plus ou moins votre image et vos apparences. Cela vous permet de vous adapter facilement à tous les environnements, d'être apprécié, intégré, et performant. Vous arrivez souvent à atteindre vos objectifs, et l'on vous reconnaît volontiers des capacités.

Mais au bout d'un moment, vous risquez de ne plus savoir très bien qui vous êtes vraiment, et ce à quoi vous aspirez en réalité. Vous doutez : de vous, de vos compétences, de vos qualités professionnelles. D'où le fait de vous sentir souvent sous pression, voire anxieux.

Moins de 11 «jamais ou parfois» et une majorité de «toujours»…

Vous avez un peu de mal à être vous-même. Vous aimeriez vous construire et vous développer sans faire de l'ombre aux autres, sans conflits ni tensions. Vous voudriez vous affirmer sans prendre de risques. Mais ce n'est guère possible, alors vous préférez souvent renoncer. Bien sûr, ce n'est pas toujours une décision prise en pleine conscience, mais, en y réfléchissant, en faisant un bilan, vous vous apercevez un jour que vous avez tiré un trait sur plusieurs de vos besoins, de vos aspirations et de vos ambitions. Votre attitude vous a toutefois permis de développer le sens de l'écoute et de l'empathie, un véritable respect des autres, un désir sincère de ne pas gêner ou peiner.

Cela fait de vous quelqu'un d'agréable à côtoyer et qui s'intègre sans problème dans les groupes. Mais c'est au prix de nombreux renoncements, de beaucoup de regrets et de frustrations. Et peut-être aussi au prix d'une image un peu confuse; certains risquent de vous considérer comme distant parce que vous ne vous affirmez guère. Difficile alors de vous imposer dans un groupe de travail ou dans votre équipe. Difficile aussi de démontrer les qualités de leader qui pourraient faire avancer votre carrière. Et vous-même, vous pouvez vous sentir un peu dévalorisé ou déprimé de temps en temps.

TEST N° 2
ÉVALUATION DES PISTES DE RÉUSSITE

Lisez attentivement les affirmations ci-après et inscrivez dans votre cahier « oui » si vous approuvez, et « non » si cela ne vous ressemble pas.

Vie professionnelle

1. Globalement, je suis satisfait de ma vie professionnelle.

2. Je ne m'ennuie jamais au travail.

3. Je me sens fier de mes résultats.

4. Je me sens bien avec mes collègues.

5. Je m'entends bien avec mon patron.

6. J'atteins mes objectifs et souvent je les dépasse.

7. Je participe aux décisions importantes.

8. Mon salaire est conforme à mes compétences.

9. Je suis autonome et responsable.

10. Il y a très peu de tâches qui me rebutent.

Loisirs

1. Les loisirs tiennent une place importante dans ma vie.

2. J'ai une pratique régulière d'une activité de loisirs.

3. Je suis satisfait de cette partie de ma vie.

4. Je me suis fait des amis dans mes loisirs.

5. Je suis content de retrouver mes amis à mon club.

6. Je m'épanouis dans mes activités de loisirs.

7. Mes loisirs m'aident pour ma vie professionnelle.

8. J'aime partager mes loisirs avec des proches.

9. Je peux changer de loisirs, mais pas les supprimer.

10. Je pourrais me priver pour garder mes loisirs.

Finances

1. Je suis plutôt satisfait de l'état de mes finances.

2. Je parviens à boucler mon budget sans difficulté.

3. J'assure correctement ma sécurité financière.

4. Ma famille est à l'abri du besoin.

5. Je suis très fier de gagner de l'argent.

6. Avoir un compte en banque bien garni me fait du bien.

7. Je fais des économies régulièrement.

8. Je suis à l'affût de bons placements.

9. L'argent, c'est la vie des affaires.

10. L'argent est un signe objectif de réussite.

Carrière

1. Je suis plutôt satisfait de l'évolution de ma carrière.

2. J'ai une idée assez précise de l'avenir de ma carrière.

3. Je suis décidé à me former pour évoluer.

4. J'ai déjà changé d'orientation dans ma carrière.

5. Un bon travail, c'est celui qui ouvre des perspectives.

6. Je pourrais sacrifier ma carrière au profit de mon conjoint.

7. Je pourrais faire des concessions pour avoir une promotion.

8. Je suis en compétition permanente pour arriver en tête.

9. J'ai des objectifs ambitieux.

10. Réussir ma carrière, c'est ce qui compte le plus pour moi.

Corps et santé

1. Je suis en bonne santé.

2. Je fais attention à mon alimentation.

3. Je fais du sport régulièrement.

4. Je surveille mon poids.

5. Je ne bois pas d'alcool.

6. Ma vie sexuelle est satisfaisante.

7. J'ai un bon sommeil.

8. Je suis rarement fatigué.

9. Je me sens plein d'énergie.

10. Je prends rarement des médicaments.

Vie spirituelle

1. Je suis croyant.

2. Je pratique régulièrement une religion.

3. Je pratique régulièrement la méditation.

4. Je réfléchis souvent au sens de ma vie.

5. Aider autrui est une mission essentielle pour moi.

6. Dans la nature je me sens proche de Dieu.

7. La consommation nous fait oublier la spiritualité.

8. Je m'investis dans une grande cause.

9. Je ne renierai jamais ma foi.

10. J'aime partager ma foi et mes convictions.

Famille

1. Je me sens bien dans ma famille.

2. La famille est indispensable à mon bonheur.

3. Le bonheur de ma famille est mon but.

4. Je suis fier de ma famille.

5. Je fais tout pour être un bon parent.

6. Je respecte mes parents.

7. Je serais capable de me priver pour aider ma famille.

8. Je prends régulièrement des nouvelles de ma famille.

9. En famille, j'évite les conflits.

10. Je reçois souvent ma famille même éloignée.

Amour

1. Je suis plutôt satisfait de ma vie amoureuse.

2. Les sentiments et l'amour sont indissociables.

3. Je peux aimer passionnément deux personnes à la fois.

4. Je suis capable de tout donner quand je suis amoureux.

5. Les joies amoureuses sont les meilleures.

6. Je préfère un bon chagrin d'amour à un désert amoureux.

7. Je suis heureux de faire plaisir à ma ou mon partenaire.

8. Je ne suis pas du tout jaloux de mon copain ou ma copine.

9. Je fais totalement confiance à ma petite amie ou mon petit ami.

10. L'amour, c'est ce qu'il y a de plus vrai dans la vie.

Pour chaque catégorie, comptez le nombre de « oui » et reportez-le sur la roue ci-dessous.

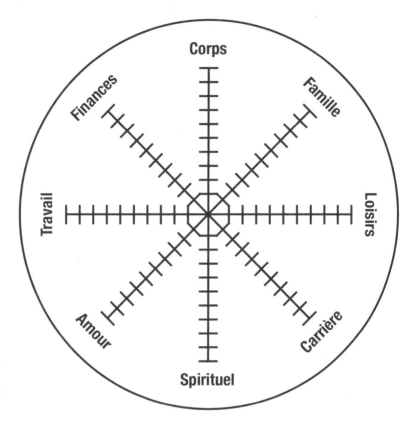

Résultat entre 5 et 10 : bon à excellent niveau de confiance et d'assurance dans ce contexte. Vos compétences, vos points forts, vos passions ont une réelle chance de s'y épanouir.

Résultat de 0 à 4 : vous manquez d'assurance dans ces contextes. Cherchez et découvrez les croyances limitantes qui s'y trouvent ; vous restaurerez ainsi tous vos potentiels de réussite.

TEST N° 3
LES CROYANCES LIMITANTES

Lisez attentivement les phrases ci-dessous. Elles décrivent des comportements caractéristiques de croyances limitantes. **Si vous vous reconnaissez dans une situation, inscrivez-la dans votre cahier.**

1. Ma première réaction quand on me demande de faire quelque chose de nouveau, c'est de penser que je ne suis peut-être pas compétent pour cette tâche.

2. Il est rare que j'ose demander quelque chose pour moi-même.

3. J'aimerais bien avoir un meilleur travail, mais j'ai trop peur de quitter celui que j'ai.

4. J'aurais aimé faire des études plus poussées, mais je pense que je n'en étais pas capable.

5. Pour réussir dans la vie, je pense qu'il faut avoir de la chance et des parents riches.

6. Si mes enfants voulaient s'engager dans des études longues et difficiles, je le leur déconseillerais.

7. Ma condition modeste m'interdit de m'élever dans l'échelle sociale.

8. Quelqu'un qui n'a pas de culture générale n'est pas intéressant.

9. Je dois me protéger, car mes collègues n'attendent qu'un faux pas pour m'écraser.

10. J'ai peur quand je passe les entretiens d'évaluation.

11. Je ne m'oppose jamais à quelqu'un qui a plus de pouvoir que moi, mon patron par exemple.

12. Quand j'ai une bonne idée, je pense que beaucoup d'autres gens l'ont certainement eue avant moi.

13. Je me trouve laid, alors je m'efforce de paraître intelligent, mais je sais que c'est faux.

14. Je ne plais pas aux autres parce que je suis trop timide.

15. J'ai du mal à m'imaginer plein d'audace et réalisant de brillantes ambitions.

16. Le monde actuel me paraît une immense source de dangers.

17. Si je veux améliorer mon salaire, il faut que je travaille plus et que je sacrifie d'autres activités.

18. En réunion, il est rare que je prenne la parole quand je ne suis pas d'accord; j'estime que je n'ai pas le droit de le faire.

19. Il m'est arrivé de prendre de mauvaises décisions parce que j'ai voulu m'affirmer ou bien que je n'ai pas osé demander conseil.

20. Je ne veux pas trop de responsabilités parce que j'ai peur de faire des erreurs et qu'on me le reproche ensuite.

Chaque affirmation avec laquelle vous êtes d'accord ou qui décrit votre attitude compte pour **1 point**. Reportez-vous aux résultats.

Vous obtenez plus de 10 points

Vos croyances limitantes sont très présentes dans votre vie. Elles vous empêchent de vous exprimer et d'être vraiment vous-même. Vos rêves ne se changent pas en ambitions, et, dans bien des domaines, vous ne vous autorisez pas à rêver. Il se peut que ces nombreuses croyances soient les manifestations d'une ou deux plus puissantes convictions génératrices d'inhibitions, d'inquiétude, de manque de confiance et d'estime de soi. Vous en viendrez à bout à partir du moment où vous aurez décidé de le faire.

Vous obtenez moins de 10 points

Vos croyances limitantes sont bien présentes, mais pour la plupart, vous êtes capable de les remettre en question. Vous êtes conscient des bénéfices que vous êtes en droit d'attendre dès que vous aurez pris le dessus sur ces croyances. Vous avez un puissant désir de liberté, mais vous vous donnez de bonnes raisons pour rester prisonnier d'habitudes et de frustrations. Vous viendrez à bout de vos croyances limitantes dès l'instant où vous déciderez de vous poser les bonnes questions.

Mes pensées positives

Voici 34 pensées positives. **À chaque nouveau défi, choisissez celle qui vous inspire.** Vous pouvez choisir plusieurs fois la même. **Vous pouvez aussi créer les vôtres.**

> Je peux obtenir tout ce que je veux vraiment.

> Au lieu d'hésiter, j'évalue ce qu'il y a à gagner dans la décision.

> Je ne remets pas au lendemain les tâches qui m'incombent.

> Je prends moi-même les décisions qui me concernent.

> Refuser quelque chose, ce n'est pas rejeter la personne qui demande.

> Quand j'ai un doute, je me pose des questions.

> Je m'autorise à réussir ce que j'entreprends.

> Il n'y a pas d'échecs, seulement des résultats désirés ou non.

> Le vrai courage, c'est de reconnaître ses faiblesses.

> N'essaie pas, fais-le ou ne le fais pas.

> On n'aime pas quelqu'un qui dit « oui » à tout.

> Quand j'ai peur de quelque chose, je me prépare à l'affronter.

> Je me pose les bonnes questions, même si je n'aime pas la réponse.

> Je peux atteindre l'excellence si je m'en donne les moyens.

> Je m'attribue des félicitations quand je suis content.

> C'est très utile au groupe quand quelqu'un donne son avis.

> Je m'autorise à émettre des critiques justifiées et constructives.

> Partager ce n'est pas se démunir, mais s'enrichir.

> Je suis certain qu'il y a toujours une solution à un problème.

> Le monde extérieur est une source inépuisable de richesses.

> Quand je me sens bien, mon entourage se sent bien.

> J'ai confiance dans mon travail.

> Je me sens relax et reposé.

> Je crée quotidiennement des expériences riches et positives.

> Mes compétences s'améliorent chaque jour.

> Je crois en moi.

> Je m'autorise à gagner de l'argent.

> Je crée des situations pour mon plus grand bénéfice.

> Je fais de mon mieux chaque jour.

> Je suis bien organisé et mes tâches sont accomplies.

> J'exprime de mieux en mieux ce que j'ai à dire.

> Quelle énergie en moi !

> Je suis quelqu'un de bien.

> Je suis fier de mon travail et de mes efforts.

CONCLUSION

« L'homme raisonnable s'adapte au monde;
l'homme déraisonnable s'obstine à essayer
d'adapter le monde à lui-même. Tout progrès
dépend donc de l'homme déraisonnable. »

— George Bernard Shaw

Il y a quelques jours, je suis tombé sur une lettre que m'avait envoyée Thierry, un auto-entrepreneur qui a participé à la Tournée 110*. Celui-ci m'écrivait :

« Regardez ça, Franck, c'est une photo de moi quand j'avais 18 ans. C'est une photo de vacances, et je me souviens qu'alors, j'étais amoureux de Lise, une fille de ma classe aussi jolie que brillante. Moi, j'avais l'impression d'être complètement nul à côté d'elle et je n'osais pas lui parler ; cela me tourmentait tellement que j'en perdais le sommeil. Sur la photo, je vois un jeune adulte timide, qui baisse les yeux et qui a vraiment l'air de s'ennuyer.

« Si ma vie privée était un vrai fiasco et me faisait souffrir, je dois avouer que je m'étais, comme vous le dites, habitué à cette vie en cage dorée. Et puis, un jour, je vous ai vu dans un reportage à la télévision où en quelques heures vous aviez transformé un homme comme moi. J'ai participé à votre

---

* La Tournée 110 est un séminaire qui permet d'optimiser ses résultats, d'accélérer sa carrière, de développer sa clientèle, d'enrichir ses relations avec les autres et d'augmenter son énergie et sa confiance grâce à des stratégies simples et efficaces.

événement avec appréhension, au début. Et puis ce fut un choc de comprendre les mécanismes inconscients qui avaient provoqué ma situation. J'ai compris que je vivais selon les croyances de ma famille et non celles qu'il me fallait pour réaliser mon rêve. Parce que je ne savais pas ce que je voulais, les autres avaient choisi pour moi !

« Au final, votre séminaire, Franck, a été pour moi un déclic. J'ai pris conscience que la solution était là, à portée de main, qu'il suffisait de changer l'éclairage pour qu'elle soit visible et accessible. Je voudrais dire dans ce témoignage que si j'ai réussi à dépasser mes blocages, tout le monde peut le faire. Vous aviez raison. Je ne saurais jamais trop vous remercier, Franck. Vous avez raison, soyons déraisonnables pour oser choisir notre vie en dépit des jugements des autres. Merci encore. »

Le témoignage de Thierry me fait penser à mes débuts de pilote d'avion de tourisme. Je suis cette fois-ci certifié. Pas d'instructeur. Plus d'école. Cette fois-ci, je suis seul. Face à moi-même. Pas de triche, pas de manque de confiance, car une fois en l'air, pas de possibilité de se garer rapidement sur la bande d'arrêt d'urgence. Ce jour-là je fais le tour de l'appareil, je vérifie point par point chaque élément de ma liste de contrôle, puis je m'installe aux commandes. Dans mon casque, j'entends la voix du contrôleur qui me donne l'autorisation de décoller : « Foxtrot Golf India Zoulou Hotel, autorisé au décollage, rappelez au point novembre, deux mille pieds QNH... » Le ciel est parfaitement clair, je prends mon envol. Soixante nœuds, je tire sur le manche. Je quitte le sol.

Immédiatement ma psychologie change. J'éprouve un sentiment intense de liberté, mais aussi de responsabilité. Je suis bien, intensément bien ! Confiant en mon appareil, confiant en mes possibilités, confiant en la vie. Comment avais-je pu douter de moi ?

Je souris avant d'hurler un YEESS de joie seul dans mon Cessna 172.

Ces premiers vols en solo ont marqué mes premiers pas vers de nouveaux défis, de nouveaux bonheurs. Une nouvelle vie.

Je repense à cette citation de Shakespeare : « nos doutes sont des traîtres et nous privent de ce que nous pourrions souvent gagner de bon parce que nous avons peur d'essayer ».

S'il est impossible de contrôler toutes ses pensées, il est tout à fait possible de ne plus donner autant d'importance à ces mauvaises petites voix intérieures à l'origine de tant de douleurs et de déceptions. Du Mahatma Gandhi, qui passa du statut d'avocat inconnu à celui de libérateur de son pays, en passant par Rosa Parks, couturière noire américaine pauvre qui devint une figure emblématique de la lutte contre la ségrégation raciale aux États-Unis, jusqu'à l'Anglaise Joanne Rowling, jeune mère divorcée vivant d'allocations qui devint la romancière la mieux payée au monde avec la série de romans *Harry Potter* vendus à plus de 450 millions d'exemplaires, il ne tient qu'à vous de vivre votre vie.

Votre vie change dès l'instant où votre engagement est total. Cette force de décision est en chacun de vous. Rappelez-vous ces instants passés où vous avez obtenu exactement ce que vous vouliez. C'est avec cette même assurance, sans laisser la place au doute, que vous avez gagné. Vous aviez puisé en vous cette confiance énergisante pour transformer votre vision en réalité. Cette confiance est illimitée. Elle a changé ma vie, celle de personnalités que vous connaissez et celle de dizaines de milliers de participants à mes séminaires.

S'il n'y avait qu'un message à retenir et à transmettre à vos proches, il pourrait se résumer à ces deux règles d'or :

— Votre leadership a besoin d'action pour s'accroître.

— Vous possédez déjà toutes les clés de la réussite. Elles sont en vous ; il vous suffit d'apprendre à les reconnaître et à les saisir.

Ce que vous pouvez retirer de ce livre… rien ou tout !

Contrairement à ce que l'on dit, vous pouvez commencer le voyage dès maintenant. Le changement personnel se décrète et peut s'appliquer très vite, moyennant de l'attention et des efforts constants, jusqu'à ce que le pli soit pris. Si vous le décidez fermement, vous pouvez amorcer votre nouvelle vie dès à présent.

Alors, que comptez-vous faire maintenant, après la lecture de ce livre ?

Comme le disait Mark Twain : « Dans vingt ans, vous serez plus déçu de ce que vous n'aurez pas fait que de ce que vous aurez fait. »

Alors, que comptez-vous faire maintenant ?

Contrairement à ce que croient la plupart des gens, il est possible de progresser très vite même si un changement complet demande du temps et de la persévérance. Dès demain, supprimez le sucre de votre café et faites une heure supplémentaire de sport par semaine, et déjà le processus sera enclenché !

Sans avoir à modifier son caractère, on peut déjà modifier sa façon de voir les choses. On peut modifier sa façon d'aborder les problèmes ou sa méthodologie de travail.

La progression est immédiate !

La seule difficulté éventuelle consiste à ne pas renoncer par facilité.

Vous pouvez progresser dès aujourd'hui. Et c'est terriblement réconfortant de vous dire que vous pouvez appliquer cette progression à tous les aspects de votre existence. Car la progression conduit au bonheur.

Vous n'avez jamais été tant heureux que quand vous progressiez à vitesse grand V. Vous rappelez-vous ? C'était quand vous étiez enfant.

Si le changement est automatique, la progression demande un effort, une stratégie.

Progresser vous demande surtout un investissement psychologique, juste un état d'esprit.

Dites-vous qu'au moment où vous lisez ces lignes, vous pouvez déjà, chez vous, à votre bureau, dans votre fauteuil, avoir fait un sacré pas vers le succès.

Les stratégies se forgent loin de la bataille.

Êtes-vous prêt à mettre toutes vos forces dans la bataille ? Je le veux pour vous. Je vous le souhaite.

Vous êtes arrivé à la fin de cette première aventure et je tenais à vous en féliciter personnellement et à vous dire toute l'amitié et l'admiration que j'ai pour votre démarche.

Nous n'avons peut-être pas encore eu la chance de nous rencontrer, mais je sais combien cette lecture n'est pour vous qu'une étape. Il est clair que vous comprenez que le monde extérieur a peu de chances de changer et qu'il vous revient de vous enrichir pour l'appréhender différemment. Vous allez entreprendre un parcours vers une vie de succès et de réalisations durables.

Si volontairement ce livre se voulait synthétique, je souhaite qu'une étincelle se produise en vous. L'étincelle qui va faire de vous un grand leader. Vous avez pris la décision d'augmenter votre confiance, de changer de vie, de progresser ; et le fait d'avoir mené l'étude de cette méthode à terme est un excellent indicateur non seulement de votre volonté, mais aussi de vos succès à venir. Car la volonté ouvre la voie du succès.

Je vous dis donc bravo du fond du cœur. Bravo pour votre ténacité, votre volonté et votre intelligence.

Je suis persuadé que vous vous trouvez maintenant aguerri, renforcé, avec les idées claires. Vos armes sont fourbies, il ne vous reste plus qu'à les utiliser parmi le monde.

En sachant conjuguer conscience, attention et estime de vous-même, vous allez décupler vos possibilités, vous allez travailler mieux, plus vite, et serez plus détendu et plus efficace.

Vous devez sentir au fond de vous cette énergie et ce nouvel enthousiasme. Gardez cette sensation précieusement en vous, restimulez-la fréquemment en l'évoquant souvent et en l'amplifiant mentalement.

Nourrissez votre mental de positif, de beauté, d'enthousiasme, de courage et de confiance. Et regardez ce qui va se produire.

J'aimerais vous demander de partager ces informations, cette méthode SPARK avec votre entourage ; prêtez ce livre à vos amis. Plus votre entourage évoluera dans la même dynamique positive et constructive que vous, plus vos projets seront facilités, plus les choses se déclencheront naturellement. Formez les gens autour de vous, transformez leur vision, contribuez à débloquer leurs freins personnels. Montrez à tous que vous avez changé, galvanisez vos résolutions par vos paroles, expliquez et faites savoir ce que vous êtes maintenant ; vous ne tarderez pas à constater de grands changements !

Et puis, autre bonne nouvelle, vous trouverez d'autres ressources gratuites sur le site Web de cette méthode www.confianceillimitee.com. Invitez-y vos proches ; vous éprouverez une grande richesse intérieure à leur offrir ce que vous venez de vivre.

Je vous souhaite une vie riche, active, débordante et heureuse.

J'espère de tout mon cœur avoir contribué à vous inspirer pour que vous ne doutiez plus jamais du pouvoir qui est en vous : cette confiance illimitée ! J'espère que vous demeurerez en contact avec moi. Rejoignez-moi par exemple sur notre page Facebook avant de vivre ensemble des moments intenses à l'un de nos prochains événements. Vivez dans la découverte, la progression permanente, l'émerveillement et... *soyez un leader actif déraisonnable et inspirant pour un monde meilleur !*

BIBLIOGRAPHIE

ANTHONY, Robert. *Les Ultimes Secrets de la confiance en soi : avoir confiance en soi, ce n'est pas compliqué : une façon infaillible de vous démarquer, peu importe qui vous êtes !* Brossard, Éditions Un monde différent, coll. « Motivation », 2008, 238 p.

BOISVERT, Jean-Marie, et Madeleine BEAUDRY. *S'affirmer et communiquer*, Montréal, Éditions de l'Homme, 1999/1979, 328 p.

BRANDEN, Nathaniel. *How to Raise Your Self-esteem : The Proven Action-Oriented Approach to Greater Self-Respect and Self-Confidence*, New York, Bantam, 1997/1988, 176 p.

COVEY, Stephen R. *Les Sept Habitudes de ceux qui réalisent tout ce qu'ils entreprennent*, Paris First Business, 1996/1991, 277 p.

CUDICIO, Catherine. *Le Grand Livre de la PNL*, Paris, Eyrolles, 2004, 290 p.

EDEL, Laurent. *Gagner sa vie en se faisant plaisir : 200 nouvelles idées de business pour devenir entrepreneur de sa vie*, Paris, J'ai lu, 2007, 320 p.

EMERSON, Ralph Waldo, et Maurice MAETERLINCK. *La Confiance en soi et autres essais*, trad. Monique Bégot, Paris, Rivages, 2000, 198 p.

FANGET, Frédéric. *Affirmez-vous! Pour mieux vivre avec les autres : Guide pour s'aider soi-même*, Paris, Poche Odile Jacob, 2009/2002, 282 p.

FREUD, Sigmund. *Introduction à la psychanalyse*, Paris, Gallimard, 2003, 567 p.

HAANEL, Charles. *La Clé de la maîtrise : un merveilleux guide pour obtenir tout ce que vous désirez dans la vie*, Québec, Le Dauphin Blanc, 2007, 272 p.

HALMOS, Claude. *Parler, c'est vivre*, Paris, Nil, 1997, 342 p.

HILL, Napoleon. *Les Clés du succès : les 17 principes de la croissance personnelle*, Montréal, Éditions de l'Homme, 1999, 222 p.

HILL, Napoleon. *Réfléchissez et devenez riche*, Montréal, Éditions du Jour, 1998, 194 p.

LÉVY-LEBOYER, Claude, Claude LOUCHE, et Jean-Pierre ROLLAND. *RH : les apports de la psychologie du travail*, tome 1 : *Management des personnes*, Paris, Éditions d'Organisation, 2006, 496 p.

NOGUES-LEDRU, Marie-Pierre, et Anne CLARET-TOURNIER. *Changer de vie – Se reconvertir, mode d'emploi*, Paris, Village mondial, 2006, 285 p.

OMRAAM, Mikhaël Aïvanhov. *Le Pouvoir de la pensée*, Fréjus, Prosveta, 1986, 230 p.

RICHER, Anne. *Le Périple d'un gagnant : Placide Poulin*, avec la collaboration de Line Corriveau, Québec, Éditions Francine Breton, 2010, 472 p.

ROBBINS, Anthony. *Pouvoir illimité, changez de vie avec la PNL*, Paris, J'ai lu, 2008, 505 p.

SARNIN, Philippe. *Psychologie du travail et des organisations*, Bruxelles, De Boeck, 2007, 220 p.

BIBLIOGRAPHIE

TRACY, Brian. *Avalez le crapaud : 21 bons moyens d'arrêter de tout remettre au lendemain, pour accomplir davantage en moins de temps*, Gatineau, Éditions du Trésor Caché, 2006, 144 p.

WATTLES, Wallace D. *La Science de l'enrichissement : profonde sagesse et programme d'enrichissement d'une œuvre puissante datant de 1910*, Loretteville, Le Dauphin Blanc, 2006, 165 p.

WATTLES, Wallace D. *La Science du succès*, Québec, Le Dauphin Blanc, 2010, 103 p.

TÉMOIGNAGES

« De la grande entreprise à la PME, de l'auto-entrepreneur au sportif de haut niveau, en passant par le particulier, des dizaines de milliers de personnes sont passées au niveau supérieur avec l'approche de coaching développée par Franck Nicolas et son équipe.

« Coach de leaders et d'entrepreneurs d'expérience, communicateur d'exception, débordant d'enthousiasme, de leadership et compétent… Par sa fine approche, presque imperceptible, il t'aiguille, te fait sortir de la zone de confort, et te défie au-delà de tes limites jusque dans tes ressources insoupçonnées. Il te permet de prendre conscience de tes talents, tes ressources, mais aussi de toutes les pistes de progression pour ta vie professionnelle et personnelle. Saint-Exupéry l'aurait appelé "le Petit Prince". Franck est un personnage remarquable, un leader, un communicateur hors du commun doublé d'un psychologue de premier ordre. Franck est devenu un ami. »

Pierre Pomerleau, ing., MBA
Président, directeur général de POMERLEAU INC.
Chiffre d'affaires 1,8 milliard de dollars

« Au nom de Lunetterie New Look, et en mon nom personnel, je tiens à remercier Franck Nicolas pour l'excellent séminaire sur le leadership qu'il nous a proposé lors de notre congrès annuel. Avec une énergie incroyablement communicative et sa maîtrise du sujet, il a su créer un véritable engouement chez nos participants. Il demeure l'un des meilleurs coachs et conférenciers que nous ayons accueillis à ce jour et c'est sans hésitation que je recommande Franck Nicolas. »

Martial Gagné, FCPA, FCMA
Président Lunetterie New Look inc.

« Je recommande Franck Nicolas à tous. Il connaît bien les préoccupations des leaders, des entrepreneurs, des entreprises et de leurs équipes qu'il accompagne depuis longtemps. Il est une incroyable source d'inspiration, d'énergie et de vitalité dans les coachings qu'il donne. Son approche et ses outils pragmatiques nous ont beaucoup apporté. Encore aujourd'hui les résultats sont perceptibles auprès de nos équipes, pas uniquement un simple effet *wow* comme on le voit souvent, mais des résultats pérennes. Merci, Franck. »

Eric Favre
Président et chef de la direction d'ERIC FAVRE, Sport et nutrition

« Les approches de Franck Nicolas m'ont permis de faire toute la différence dans ma pratique de haut niveau. Un champion n'atteint jamais le sommet tout seul… J'avais besoin de ces nouvelles stratégies, de cette rigueur. Merci, le coach des coachs. Merci encore pour tout, Franck. »

Olivier Schoenfelder
Champion du monde de danse sur glace

À PROPOS DE L'AUTEUR

Franck NICOLAS est le fondateur de Glob et du programme SPARK. Ses livres, capsules vidéo, programmes d'auto-coaching Internet et audio, conférences et séminaires inspirent des dizaines de milliers de personnes dans une vingtaine de pays. Il a consacré sa vie à aider les leaders et les entrepreneurs à découvrir et à mettre en application les outils, les stratégies et les ressources pour leur permettre d'optimiser leurs talents, d'augmenter leurs résultats et de vivre une meilleure existence.

Franck Nicolas est dans la francophonie l'un des chefs de file de l'industrie des conférenciers. Auteur et entrepreneur, il est reconnu comme une autorité de la psychologie du leadership, de l'influence, de la mobilisation des équipes et de la performance de l'entreprise.

Franck Nicolas, qui siège comme conseiller auprès de nombreux dirigeants, est l'auteur de plusieurs ouvrages et méthodes de coaching sur la performance des équipes et sur la réussite des organisations.

Durant sa carrière, Franck Nicolas a eu l'occasion de coacher des chefs d'État, des sportifs de haut niveau, des artistes et des entrepreneurs dont quelques-uns des 30 principaux leaders au Québec, en Europe et en Afrique.

Grâce à une pédagogie percutante, ses approches de coaching offrent des résultats rapides et permanents.

Pour en savoir plus sur Franck Nicolas
et bénéficier de ses coachings vidéo gratuits…

Consultez ses sites Web :

www.glob.cc et www.confianceillimitee.com